Derrida for Architects

Richard Coyne

思想家と建築
デリダ

◆

松井健太 訳

丸善出版

Derrida for Architects

by

Richard Coyne

Authorised translation from the English language edition published by Routledge,
a member of the Taylor & Francis Group.

Japanese language edition published by Maruzen Publishing Co., Ltd.,

Japanese translation rights arranged with
Taylor & Francis Group
through Japan UNI Agency, Inc., Tokyo Japan.

フィリップへ

謝辞 *Acknowledgements*

エディンバラ大学芸術文化環境学部の同僚たちには、本テーマを発展させる協力をしてもらい、フィードバックをもらった。その多大な助力に感謝の意を表したい。またアナスタシア・カランディノウからは本文が明快になる手引きを、本シリーズの編集長であるアダム・シャールからは有益な助言をいただいた。各位に御礼申し上げたい。最後に、脱構築や解釈学といったテーマを私に紹介し、インスピレーションを与えてくれるエイドリアン・スノッドグラスに対して常日頃の感謝を捧げる。

リチャード・コイン

目次●思想家と建築――デリダ

プロローグ *Prologue*

ジャック・デリダ（1930-2004）は、建築について積極的に発言し、建築家と交流を持った数少ない哲学者の一人である。デリダは、当時フランス領であったアルジェリアのユダヤ人一家に生まれた。パリの高等師範学校で哲学を学び、同地でアカデミックなキャリアの大半を過ごした。一方で頻繁に旅行に赴き、アメリカのいくつかの大学とは緊密な関係を築いた。近年刊行されたデイヴィッド・ミキックスによる伝記は、デリダを非常に論争好きな人物として紹介している（Mikics, 2010, pp. 69-70）。フランス国外ではどこにおいても尊敬の念を向けられていたにもかかわらず、パリにおいてデリダがアカデミックな制度にうまく馴染むことはなかった。彼は一九八〇年になってようやく、それ以前の業績に基づいて博士号を授与されたのである（Powell, 2006, p. 40）。デリダの最も重要な著作は一九六〇年代に発表されていたが、建築家たちとの交流が活発になったのはそれから二十年後の一九八〇年代であった。

本書における主要な論点は、ジャック・デリダの思考に対して寄せられる建築家たちの関心を一新することである。デリダのアイデアは、建築の分野へ持ち込まれたとき、新しいスタイルの登場を正当化するものとして捉えられていた。この新しいスタイルとは、一九八〇年代から一九九〇年代の「デコンストラクション（脱構築）」の建築である。しかしながらこの運動（デコン建築）は、デリダが建築を理解することについて述べたことのラディカルさを具現化するまでには至っていない。そこでデリダの述べたことをもう一度評価し直してみたい。そしてデリダの思考の潜在的な力をさらに発展させてみたい。本書で重点が置かれるのは、建築の実践、思考、教育についてデリダが述べたことであって、デコン建築が生み出した形態や空間ではない。本書の分析によれば、デリダの貢献は大きく分けて二つある。一つ目は、建築という制度についての理解であり、これに関してデリダは明快な議論を展開している。この場合、建築とは、認可、組織化、基準、指導者、アーカイヴ、「規範」（優れた建物の事例）を備えた権威的な専門職として考えられている。二つ目は、デリダがテクストを分析したり哲学的問題を解決したりする際に用いる知的手続きである。彼のアプローチは、彼が到達した哲学上の帰結と同程度に、建築にとっても有用なものである。

本プロローグではまず、デリダの著作におけるメイン・テーマを簡潔に概観する。続いて第1章では、デリダの思考を建築的な観点から説明する。特に対置という観点からその思考を解説する。建築における対置には、「内部／外部」「前方／後方」「公共的なもの／私的なもの」「構造／装飾」などがある。デリダ自身は、「パロール（話し言葉）／エクリチュール（書き言葉）」「シニフィアン（意味するもの)/シニフィエ(意味されるもの)」「中心/周縁」といった対置を論じている。第2章では、建築についてデリダが述べていることをより詳細に検証する。その際に参照するのは、言語についてのデリダの理解である。どのように言語は働いており、何が言語の問題なのかということについてデリダが考えていたことを参照する。第3章では、言語というテーマを、物事を書き記す際の問題として提示する。すなわち、テクストの役割を論じる。建築をひとつのテクストとして、あるいは記述の一形態として考えることは、とりたてて特別なことではない。デリダが導入した記述に関する戦略は、テクスト同士の参照という連関を重要視するものである。まさにこの点において、デリダの記述はデザインについての考え方と強く共鳴する。実際、両者はさまざまに結びつけられることによって、その共鳴が刺激・誘発・促進されるのである。第4章ではデリダと建築家たちとの出会いを、第5章では空間についてのデリダの思考が示唆するものを、それぞれ詳細に検証する。第6章ではデリダを知的領域のなかに位置づけて、彼の思考の何が建築家たちにとってラディカルであるのかを説明する。

デリダについて論じる際には、デリダ流の記述を意識しがちである。つまり、その特徴的な言葉遣いや間接的な引喩を誇張したり、膨大な量の文献を当たり前のように参照したりして、読者を困らせてしまうのである。読者に対してそのような印象を与えてしまうことは、どのような場合であれ、本書の意図するものではない。重要なのは、デリダの思考を解きほぐし、光を当てて、見通しの良いものにするということである。しかしこのように平易に説明しようとすることは、デリダを不当に貶めて、その思考の複雑さを凡庸かつ容易に咀嚼・分類できるものであるかのように印象づけてしまうという危険をはらんでいる。本書がデリダの著作を自分で読んで理解しようとするきっかけとなれば幸いである。

●基　礎

出発点として、知的・文化的活動における確かさや基礎といったものにデリダが異議を唱えていたという観点からデリダの哲学を考えてみよう。建築の言説は、絶対的なものを主張することに陥りやすい。これは特に「本質」といった語が建築において用いられる場合に当てはまる。本質というものは、ある物事について真であると推定される特性のことである。すなわち、あるものの非本質的あるいは偶然的な属性をはぎ取っていった後に残るものである。つまり本質とは、他のあらゆる属性が拠りかかるひとつの変化しない核のようなものであり、ある種の絶対的なものなのである。同じようにして建築家は、木材や石材、ガラスの本質的な特徴を捉えようとし、敷地の本質（ゲニウス・ロキ）やその核、都市や風景の決定的な特徴を探ろうとするだろう。このときの本質とは、誰もが同意するものであり、また上述したように、自らを議論の余地なき特徴として主張しようとするものである。シャルトル大聖堂の真の意味、パッラーディオのヴィラ・ロトンダの本質、建築の核となる価値、あるいは絶対不可欠なユーザーといったものに建築批評家や建築関係者が訴えかける場合を考えてみよう。このとき彼らが表現しようとしているのは、基礎や確かさに対する抵抗し難い訴えかけである。そしてこの場合の基礎や確かさとは、ある判断の最終的な基準として考えられている。例えば「パタン・ランゲージ」へのアプローチが建築にとって有効であることを証明しようとするとき、クリストファー・アレグザンダーが訴えかけるのも、基礎となるようないくつかの指針である。

これは、基本的な（訳者注：基礎となるfundamental）世界像である。つまり、何かを造ろうとすれば、それだけを単独に扱わずに、その内外の世界も同時に修復せねばならぬということである。そうすれば、周囲の世界の一貫性と全体性が一段と強まり、造られた物が自然の網目のなかで、しだいに正しい位置を占めるようになるのである。(Alexander et al, 1977, p. Xiii［邦訳書、xi頁］)

このような一貫性、統一性、完全性の主張や自然への従属は、建築において形而上学的と呼べるようなものをうまく説明している。この形而上学的なものは、コンピュータを用いるデザインや建設によって可能となった複雑な建築形態に関する近年の思考のうちにも見て取ることができる。例えばそれは、「全く共通点のない要素同士を連続的なものへと融合したもの、より大きな組み合わせのなかで断片であり続ける要素同士が生み出す全体」(Lynn, 2004, p. 9) といわれる。デリダが批判するのは、このように絶対的なもの、基礎、形而上学的なものとして考えられた一貫性や統一性の主張である。

建築についてのある論文においてデリダが特に注目しているのは、建築の分野で家、住まい、炉といった概念が伝統的に重視されてきた点である。近代建築においてそれは起源、基本原理、秩序づけといったものへのノスタルジアとなっている。ここには建築の神聖な起源に対する畏敬の念が垣間見られる。さらにデリダは、建築が社会の改良や人類への奉仕と同時に、美、調和、完全性の探求をも目標としている点を注記している。デリダによれば、このような探求は、建築が実際に触れることのできる永続的な構造体を身にまとっていることによって助長されている。この永続的な構造体のゆえに、建築は「形而上学の最後の砦」に変えられてしまうのである（Derrida, 1986, p. 328）。

しかしながら建築における基礎づけ主義という標的は、形而上学に対するデリダのプロジェクトにおける副次的なものに過ぎない。というのも形而上学は、科学的な観察や合理性といったものを含む、あらゆる学問を下支えすると見なされた原理や基礎に言及しているからである。したがってデリダの哲学が基礎、絶対的なもの、確かさに対して懐疑的であるときには、自然の法則、倫理の原則、美の基準、理想的なもの、超越、あるいは常識さえもが懐疑の対象となっているのである。

絶対的なものに対するデリダの懐疑的態度は、出発点として有用であるとともに、これから本書の中で徐々に練り上げられていくべきものでもある。相対主義がいたるところに蔓延している時代にあっては、絶対主義的な主張に関して問題提起をすることはそれほど難しいことではないし、確かさというものを問題化するときにはデリダの助けを借りるまでもないだろう。疑問の余地がないとされる倫理上の原則が主張されれば、きまって論争が沸き起こり、たいていの場合そのような宣言は「断定できないもの」として、あるいは少なくとも、例外やただし書き、社会変化の気まぐれに依存するものとして特徴づけられることになる。不確かさは人文学（歴史学、文学理論、哲学、政治学）を取り巻いているだけではない。それどころか不変のものと考えられている科学法則すらも改善、発展、討論に依存している。量子物理学が主張する中身はかなり奇妙な論点を含んでいるが、これらの論点が証拠立てているのは、不確かさが自然の内部に織り込まれているということである。同じことが、ヴェルナー・ハイゼンベルクの説く、いわゆる「不確定性原理」（Hisenberg, 1958［邦訳書あり］）においても展開されている。しかしながら他方で、絶対的なものを欠いた活動というものはしばしば、きちんとした研究とは呼べないもの、基礎づけられていないもの、意味のないものとして受け取られてもいるのである。哲学者のリチャード・バーンスタインによれば、熱狂的な相対主義には絶対主義がまとわりついており、この絶対主義は知的・文化的活動の根底に張りついてなかなか解消されない不安の種となっている（Bernstein, 1983［邦訳書あり］）。

形而上学についての批判は、二〇世紀の知識人たちにとっての中心的な問題となってきた。デリダの寄与は、形而上学に対して最も口やかましく批判する者たちの主張すらも分析の対象とし、これらの批判者たち自身が形而上学的な論じ方をしているということを示した点にある。同じように政治の分野では無政府主義者たちが法という規則の重要性を否定しているのだが、彼らもやはり何らかの規則あるいはメタ規則に従うことを主張せざるを得ない。また無神論者たちも、すべてを支配する神という概念に取って代わるものを考えている。自由主義の教育者たちであっても、その教育を受ける者たちに何らかの規制を課している。そして相対主義者たちも、すべての真理は相対的であるという絶対的な真理を主張しているのである。デリダは、以上のようなライト級の標的が示す矛盾にはそれほど関心を向けてはいない。むしろ彼が標的として好んだのは、ヨーロッパの知的活動の中でもヘビー級に属する、現象学者や構造主義者、そして文学界の重鎮であった。これらの論者は、自らのラディカルなプロジェクトとして、形而上学的な思考を完全に解体するということを主張していたのである。

デリダ研究者たちは、デリダのプロジェクトを形而上学の解体という点においてのみ啓発的であると見なしているのではない。むしろデリダがそのような結論に到達するまでの手続きを評価し、学ぶべきものとしている。確かさを解体することを目標とするデリダの議論は、その過程で多くの新しい言葉遣い、観点、読解や記述へのアプローチ、理解するための方法を残している。哲学者ジョン・カプートは、デリダの戦略を介して、新しい知的自由といったものを主張している（Caputo, 1987,

p. 209)。このようにデリダを読解しようとするならば、研究者や批評家が自らの議論を進めるときになすべきことは、確かであると考えられているものを外側から証明することではなく、討論という本分に取り組むことである。つまり、自らが考えていることを述べ、前提とされていることを明らかにし、疑いを投げかけるのであり、しかも抽象的な状況においてではなく、現実的な状況においてそのようにするのである。形而上学に反対するデリダの議論は同時に、漠然としたものよりも具体的なものを語ることを好む議論でもある。

ここにおいてわれわれは、読者がデリダを理解する際に感じる多くの困難のうちのひとつに出くわす。デリダは、確かさや基礎、本質、知識の核という概念、われわれの理解にとって中心となるものを完全に捨て去ることを提案しているのではない。結局のところ、「あらゆる中心を欠いた構造などというものは、まさしく思考不可能なものを表している」のである(Derrida, 1966, p. 278〔邦訳書、五六六頁〕)。デリダの思考におけるこのような見かけ上の矛盾については後述する。

●デリダの文体

形而上学との格闘に加えて、デリダを読むうえでその強みでありながら障害ともなっているもののひとつが彼の語り方、すなわち、記述の文体である。デリダの文体は、論争を巻き起こすためのもの、誇張したもの、高圧的なもの、疑う余地を一切与えないものとして説明されてきた。このようなことが不確かさというこのテーマにおいてですら述べられてきたのである。ときにデリダは、ただたんに彼の知識人仲間の間で広まっている見解に対立するものに言及しているだけのようにも見える。ミキックスはデリダを「目的に対して逆向きの行動を取る人」と説明しているほどである（Mikics, 2010, p. 213）。デリダは尊敬の念をもって他人の洞察を取り上げているのかもしれないが、単純に同意することはほとんどない。彼の記述は、取り上げられた議論がどのような知的文脈にあるのかを理解するのに役に立つような論評を一切含まない。見解が対立する著者同士の立場を比較したり対照させたりすることを全くしないのである。デリダはいつでも、まるで極めて重要な何かが知的な観点において危機にさらされているかのような、あるいは相手の間違った見解を正す必要があるかのような書き方をする。またデリダは、より高い地位にある権威を引き立てるということをしない。例えば、デリダは哲学者エドムント・フッサール（1859–1938）の論文「幾何学の起源」に序文を寄せているが、この序文はフッサールの論文よりも長くなっている。しかもこの序文が強調しているのは、ひとつの起源が存在し得るというフッサールの立場を、実はフッサール自身が裏切っているということなのである（Derrida, 1989a［邦訳書あり］）。普通ならば自分自身の見解を発展させて自分とは異なる見解を説明しようとするような書き方をするのだが、デリダの書き方はそうではなかった。

さらにデリダの記述は「グラマトロジー的」である。つまり、その記述は、言葉が書き記される際の表記法や書式について論じるものである。また膨大な脚注、ギリシア語からの引用、多くの慣習的な表記法を用いている。このような記述法が、読書家にとっては非常に魅力的なものとなる一方、学問に携わっていない者にとってはテクストを読む妨げとなるといってよい。次の引用文を形而上学についてのデリダの思考への手引きとして考えてみよう。「差延」と題された論文からの引用である。

……差延は痕跡の戯れと呼ばれうる……痕跡はもはや存在（Being）の地平には所属せず、その痕跡の戯れが存在の意味を担い、縁取っているのである。痕跡の戯れ、あるいは差延は意味を持たず、存在しない。それは所属しない。存在が戯れ＝賭けのなかに投じられるこの基盤なきチェスボードについては、いかなる今における保守（maintenance）もないが、またいかなる深遠さもない。（Derrida, 1982a, p. 22〔邦訳書、六六～六七頁〕）

次章ではこの一節よりも読みやすいデリダの別の記述を引用するつもりである。実際のところ、現在ユーチューブや他のオンライン・メディアで入手できるインタビューや講義を見れば、デリダの口頭での説明が、著作物における言葉遣いとは違って、非常に明快であることがわかる。しかし一方、上述の引用文からは何を理解できるだろうか？　確かに上述の文はここで本来の文脈から切り離されて引用されている。しかしいずれにせよ、その文の構成や規則を無視した文法は、デリダを読み解くことを困難にしている。デリダ翻訳者の一人であるバーバラ・ジョンソンは、デリダの記述がしばしば「発音することのできないもの」となっていることを指摘している。すなわち、その文法や文構成は、声に出して読み上げたときに違和感を覚えるようなものになっている。またデリダが同一パラグラフについて複数の学説があるような著作に触れつつも、どの学説を選ぶかは読者に委ねているときがある。彼の論文は、まるで会話の途中であるかのように始まり、多くのことがまだ語られていないかのようにして終わる。さらに抜け目のない言葉遊びとあからさまな語呂合わせに加えて、「排中律」という論理法則を意図的に否定するところもある。つまり、二つの対立する概念が実はどちらも当てはまるというのである（Johnson, 1981, pp. xvi–xvii）。ときにデリダは、あるひとつのものが真っ黒であると同時に真っ白でもあるといい、そのどちらでもありどちらでもないといい、あるいはどちらであるか決定できないといっているように見えることもある。

「差延」論文からの上述の引用文では、アルファベットの大文字で始まる「存在（Being）」という語が強調されている。この引用文は存在についてのものである。つまり、人間であることにとって不変であり基礎となると考えられているものについてであり、哲学者マルティン・ハイデガー（1889-1976）が批判的かつ懐疑的に論じたものである。この語が使用されることによって、デリダを読み解く難しさがいっそう際立つ。デリダは、哲学的な教養のない読者にほとんど歩み寄ることがない。この場合には、とりわけ現象学という哲学や文学の特定の体系に通じていない読者に対してそうである。多くの者にとって、解説者によるデリダの議論の背景や文脈を説明する訳注や注釈を伴わずして、デリダを独力で読むのは容易ではない。そのようなわけでデリダの言説は今や、多くの翻訳者、研究者、批評家、著者と一体化してひとつの言説となっている。それは一人の特定の著者による個人的な仕事ではないのである。

上述の引用文は「差延（différance）」という語を含んでいる。このフランス語は実際にはデリダによる造語である。この語は difference（差異）という名詞と、「先延ばしにする」という意味を持つ defer という動詞を組み合わせたものである。デリダが多くの事例を用いて主張しているのは、人間の体験や知的活動のすべてを下支えするものがあるとするならば、この支持構造は確かさでも不確かさでもなく、もの同士の差異であるということである。この場合、差異というものが、基礎を求める形而上学的探究に取って代わることになる。デリダはハイデガーが推し進めた議論を踏まえてはいるが、ただしデリダの場合、差延なるものが含意しているのは、先延ばしにされた存在、保留されている何かである。この存在はそれ自身の背後に痕跡あるいは記憶を残す。「痕跡の戯れ」という考え方が示しているのは、残されたもの、二次的な余剰、消去された何かであり、他の余剰と混ざり合った痕跡である。またチェスボードというデリダのメタファーには、「基盤がなく」深遠さもないという奇妙な修飾語が用いられている。ここで示唆されているのは、確かさについてのあらゆる主張が基盤のないチェスボード上の戯れに過ぎないということである。チェスボードは無限に伸びていく。おそらくは意味の探求も、あるいは命題という特定な意味の探求さえも、へりで戯れているようなものであり、あるいは割れ目もしくは裂け目のまわりをうろついているようなものなのである。

本書の終わりまでには、上述の引用文を理解できるまでに至るだろう。そうして、差異、差延、存在、痕跡、戯れ、割れ目、意味、その他の言葉によってデリダが意図しているものを理解し、どのようにしてそれらが建築と関連しているのかが把握されるのである。そのようなわけで読者には理解するのを先延ばしすることをお願いしたい。このような先延ばしが必要であるということが、デリダによれば、あらゆる場合において理解するということの特徴なのである。理解はつねに保留されており、先延ばしにされており、暫定的なものであり、来るべき別の何かを待ち受けているものである。上述の引用文を含む論文を執筆してから二十年後、デリダはさらにこの引用文中の別の語「保守すること（maintaining）」あるいは「保守（maintenance）」について、建築の文脈において何かを語ろうとしていた。ここで意図的なアイロニーを込めて用いられているのは、maintenant という「現在」を意味するフランス語である。今あるいは現在は、先延ばしされるものなのである。

デリダの読解法はひとつではない。しかしながらどの記事や論文における彼の議論においても、問題となるキーワードを説明することが中心となっているように思われる。彼がしばしば採る戦略は、取り上げる論者たちの議論においてこの特定のキーワードが決定的に重要かつ興味深いものであることを示すというものである。しかしその場合でもデリダは当のキーワードを非常に曖昧なものとして提示する。そしてさらにこの曖昧さが重要であり、この曖昧さが哲学的な問題について多くを明らかにするということを提示するのである。このような術語には差延、メタファー、アーカイヴ、バルマコン、友愛、署名、現在（maintenant）、コーラ（chora）といった語が含まれる。どのデリダの論文であれその論証の道筋を解きほぐすために重要なことのひとつは、彼の議論が注目するこのキーワードの中心性についてよく理解しておくということである。

デリダの思考への導入の最後の注記となるが、デリダの記述を建築と結びつけるにあたって、その記述の五感に訴える性質に注意しなければならない。デリダのレトリック上の引喩や暗喩の多くは建築の文脈においても非常に示唆的であるのだが、同じことがイメージを喚起させる事例、比喩、暗喩についてもいえるのである（もちろん建築の文脈に限定されるだけではない）。このような書き方をするという点において彼は、ジャック・ラカン（1901–1981）、ミシェル・フーコー（1926–1984）、ジル・ドゥルーズ（1925–1995）といった他の著名なフランス人思想家たちと共通している。多様な文献参照、文法、文字表記法に加えて、デリダの論文タイトルやキーワードは、写本室の世界、初期の印刷機、錬金術師の部屋、機械装置といったものを喚起させる。さらにはバロック調の骨董品棚あるいはシュルレアリスム芸術家のアトリエに結びつくような非常に物質的な実践を喚起させる。それゆえにデリダの論文タイトルやキーワードは建築の設計スタジオにおいても刺激となり得るのである。

造形物に使用される日用品（フォウンド・オブジェクト）あるいは既製品（レディメイド）に対するデリダの熱中はかなりのものであった。シュルレアリスム運動のリーダーであるアンドレ・ブルトンが収集した芸術作品コレクションがブルトン工房の閉鎖にともなって二〇〇三年に売りに出されようとしたとき、デリダはその反対運動を指揮して注目を集めたほどである（Motycka Weston, 2006）。デリダにおける哲学的な「レディメイド」のうちには、パルマコン（薬）やマジック・メモ（ジークムント・フロイト）、絵葉書（ジャック・ラカン）、折り目、ガラス柱、ヒエログリフ（象形文字）、タンパン（中耳の槌骨）、ピラミッド、鏡文字などがある。デリダの論文「タンパン」には、ウィトルウィウスの水車についての図版付の注が付けられている（Derrida, 1982c［邦訳書あり］）。デリダの初期の仕事は幾何学の起源に関するものが中心的であるが（Derrida, 1989a）、ドラフトマンやＣＡＤオペレーターの役に立つようなものはほとんどない。幾何学への言及は日常とは疎遠のものであるように思われるが、多くの場合、デリダの記述は日常的なものや実践的なものに満ちている。次章で述べるように、建築関係の読者はまさに実践的な観点からこそ、自らの役に立つようにデリダを読み解くことができるのである。

建築設計スタジオ

第1章　建築についての思考

Thinking about Architecture

建築家が哲学書を読むときの基準は、その哲学が建築の実践、言説、評価、教育にどのような影響をもたらすのかということである。その専門的な活動において建築家が関心を持つ必要があるのは、「正しいか否か?」という問いではなく、「実践上、いかなる影響をもたらすか?」ということである。少なくとも本書ではこれを、建築家がジャック・デリダという思想家の哲学や理論について考える出発点とする。そしてこのように考える際に必要なのは実践的な問いかけ、建築の実践という文脈に適合するような問いかけである。ここでいう建築の実践には、設計、書面化、建設、考察、評価、解釈、批評、弁護に加えて建築史や建築教育も含まれる。もし建築についてのデリダの思考を真剣に受け取るならば、その思考は建築をかたちづくるさまざまな実践に影響をもたらすのである。

プラグマティズムの哲学者リチャード・ローティは、数学や哲学といった学問を実践的な分野に関連付けることについて的確に考察している。「ある種の数学はエンジニアにとっては明らかに非常に有用だが、有用でない数学はいくらでもある。数学は技術（訳者注：エンジニアリング）の範囲をあっさり超えて、それだけで楽しいものになってしまうのだ」(Rorty, 1996b, p. 71〔邦訳書、一三六頁〕)。彼は同じことが、哲学と政治の関係にも当てはまると述べている。「哲学も……政治を越える」(ibid., p. 71〔前掲書、一三六頁〕)。ここに哲学と建築にとっても同じことがいえると付け加えたい。建築に携わる者は哲学にふけりがちである。つまり、多くの素晴らしい哲学的名著や込み入った議論に熱中して、建築家として成し遂げたいと望むものから気をそらしがちである。建築の実践は政治ほど理論化されてはいないにせよ、エンジニアリングよりも広大な視野と自負を有しているだろう。しかしそれでもやはりデリダの思考を実践へと力ずくで引き戻さなければならないときもある。

デリダはどのような影響をもたらすのだろうか? デリダを読むことが必ずしも建築家の実践に変化を引き起こす原因となるわけではない。デリダのような哲学者の著作が働きかけるのは、異分野問のネットワークの結節点あるいは重力場としての実践的パラダイム・領域であると考えてみよう。あるインタビューにおいてデリダはテクストと他の創造的生産の相互作用について示唆的に述べている。ここでは、建築家ピーター・アイゼンマンとの関わりが念頭に置かれているが、この出会いについては第4章で再度取り上げる。

> そのようなわけで私はこのテクストをピーター・アイゼンマンに渡しました。そしてアイゼンマンは、私のテクストと相互に関係するような、しかし同時に私のテクストから独立してもいるようなプロジェクトに彼なりの仕方でとりかかったのです。これこそ本当のコラボレーション

なのです――他者の仕事を「利用する」ことでも、たんに他者の仕事を通じて説明したり選択したりすることでもありません。……そのようにしてある種の浸透が生まれるのであり、こう言ってよければ、関心・スタイル・人間同士での生産的な対話も生まれるのです。(Derrida, 1989b, p. 72)

浸透するレイヤー同士のその時々の相互関係や独立性、相互依存性、さらに個人同士の対話、スタイルの融合や相互作用といったものが哲学的テクストと建築がお互いに影響を及ぼしあう際のメカニズムとなる。

●並置と対置

建築にはすでにデリダの思考方法を受け入れる素地がある。それはとりわけ、設計のアイデアが普通はあり得ない並置(juxtaposition)から刺激を受けるという点である。アトリエ系建築が多くの芸術やデザインと共有しているのは、他分野へのまなざしや突拍子のない解釈・実践を重要視する傾向である。このような先例としてはダダ、シュルレアリスム、ロシア構成主義、シチュアシオニズムに限らず、さまざまな運動を挙げることができる。普通はあり得ない並置とは簡単にいえば、あるものをそれが必ずしも関わるとは限らないような別のものの前に置くことである。傘立てに立てかけてある傘というものはそれほど関心を掻き立てるものではないし、手術台の上に患者がいる光景も同様である。しかし傘を手術台の上に置いてみれば、別の何かが得られるだろう。そのようなわけでシュルレアリスムの芸術家マックス・エルンストは次のように書いたのである。傘の「既製品」とミシンの既製品を一緒に手術台の上に置けば、この偶然の出会いによって「本当の詩的な新しい絶対的なもの」が生じ得る。「傘とミシンは恋に落ちるのだ」(Breton, 1969, p. 275［邦訳書未掲載の講義録］)。全く異なる要素同士をこのようにして組み合わせることは錬金術にもなぞらえられてきた。言葉、写真、音声のコラージュやモンタージュもほぼ同じような働きをするものであって、既製の要素同士を「非合理的に」並置することを含意している。建築の分野におけるベルナール・チュミの連想スタジオ・プロジェクトはナイトクラブの建物を墓地に置きいれるものであり、コラージュと同じようにデザインを刺激するものを提示している(Tschumi, 1994［邦訳書あり］)。あるいは図書館の中のスイミング・プールやテレビ・スタジオも兼ねた鉄道駅、大型箱時計としての摩天楼といったものも考えることができるかもしれない。

このような並置の効果は、たんにオブジェクトやアイデアを無作為に置き並べ、その結果として新しいものを生み出すことを主張するといったことに限られるものではない。重要なのは文脈である。実際このような並置は文脈というものについて多くのことを明らかにし得る。このような並置を正しく理解して味わうためには、芸術建築家や鑑賞者が当該の空間や文化、知性に適合するものを探り当てなければならない。ここにおいて想像や解釈、判断が働き、実践に引き戻される。この実践とは、その状況においてうまくいくものとうまくいかないものを知ることである。例えば、ドアと壁を並置するということ、つまりドアを壁に設置することは日常のありふれた、おそらくはごく当たり前のことであろう。それに対してドアを階段の踏板の上に載せるということはあまり日常的とはいえないが、しかしもし正しい文脈であれば、それは挑戦的あるいは興味深いものとなり、むしろ非常に機能的であるかもしれない。ドアを浴槽に組み込むということについて真剣に考えてみても、日常的な住宅設計においてはほとんど役に立たないだろう。しかし障害を持つ人々のための設備が問題となっている場合には、浴槽のなかにあるドアについて考えることが必要とされるかもしれない。

昔の論理学者あるいは合理主義者なら、以上のような並置のプロセスがどのように生み出され、受け取られ、判断されるのかについて説明したくなるかもしれない。そして何と何が適合するのかということについては、いくつかの法則が存在すると考えるだろう。例えばドアは壁に備えつけられるものであり、階段は階同士をつなぐものであり、屋根は建物の頂きにあるものであるといったようにである。すると慣習に則った法則が存在し、この法則によってデザイナーは慣習の外にあるものを識別しているということになるだろう。とすればこのように内にあるものと外にあるものを識別する際に、対置（oppositions）というものの役割を考えざるを得ない。どのような関心のもとであれ、並置は対置というものに基づいて作用する。すなわち、「そうであるもの／そうでないもの」「適切なもの／適切でないもの」「正しいもの／間違っているもの」といった対置に基づいているのである。言語学者や文学理論家のなかには、どのような説明も徹頭徹尾、対置的なものであると述べる者もいる。考えるという行為を対置という概念よりも奥深く合理的あるいは厳密なものへ還元することなど本当はできないというわけだ。プラグマティズムの理論家にとってもし対置に先立つものがあるとすれば、それは人間の実践という特権物に他ならない。しかしこの人間の実践を説明するには結局、さらなる対置に依拠することが必要とされるのである。

●戦略としての誇張

対置が作用するときもあれば、法則が作用するときもあり、想像や連想が作用するときもあるのだと考えたくなるかもしれない。あるいはすべては意味と解釈の濃密な戯れへ入り込むとも考えたくなるのかもしれない。しかしここで提示されているのは、さらに大胆でさらに興味深い哲学的な戦法である。より明快なのは、理性が完全に対置的なものであると主張する立場である。一部の哲学者にとってこの主張は、理性がその時々によって対置的でもあれば連続性や統一性あるいは論理法則に従うこともあると主張するよりもよほど満足のいくものである。もちろんこのように誇大化して主張する理論は対置の他にも多く考えられる。つまり理性を特徴づけるものとして、規則、論理、数学、メタファー、文字、解釈、想像、言語、遊びなどが考えられる。これらの考え方がすべて容認されることができるだろうか?

遊びについての理論を展開したヨハン・ホイジンガは、大げさに振る舞おうとする人間の傾向性、つまり誇張を興味深い仕方で説明している。小さな子供が家に駆け込んでいって、たった今、巨大な人参を見つけたことを母親に伝えているとしよう。「どれぐらい大きいの?」と母親が尋ねると、「神様くらい大きいよ」と間髪入れずに答えが返ってくる。ホイジンガによれば、「できる限り強く感覚を麻痺させてしまうようなイメージを創ろうとする欲求は……まさに典型的な遊戯機能なのである。それはある種の精神病患者にも見出されるが、もともと子供に固有のものである」(Huizinga, 1955, p. 143［邦訳書、二四六頁］)。言い換えれば、人間というものは、突き詰めれば、途方もない考え方に惹かれるのであり、それを極端なものにしたがるのである。そしてこのような傾向性を人間は取り戻すべきだとホイジンガは考えていた。このような誇張という戦略をとることで、はっきりと矛盾だとわかるものが現れてくる。例えば上述の例の場合、常識的な感覚に反してあらゆるものは人参を基準としなければならないということになってしまう。誇張した視点をとることは、何らかの対決を迫るためのレトリック上の戦略であると考えることもできる。例えば社会改革派カール・マルクスは、革命が資本主義の支配に対する唯一の解決策であると主張することで、社会正義という目標を誇張したが、彼のいう社会正義とは本当はもっと穏健な社会変容をもたらすものであった(Marx, 1977［邦訳書あり］)。

誇張した視点をとることによって、思考が対置の性質を持っているという考え方が再び重要なものとして浮かび上がってくる。理性は全くの自由な遊びであるのか、それとも理性は全くの法則なのか。もちろん、理性が何らかの点で双方に当てはまるのでないとすれば、理性は一方もしくは他方であるということになるだろう。しかし別の考え方を慎重に吟味すれば、誇張した主張がなされるときに、つねに二つの観点のどちらであるかということが決定される必要はなく、むしろ両者とも同時に容認され得ると主張することもできる。有能な建築家ならば、両者を相互に戯れさせ合うこともできるだろう。誇張した視点は、最終的に勝ち負けが全く決定できないような知的対立へと問題をはめこむのであり、そこにはそうした決定不可能性という判決が組み込まれている。このような知的戦略はすでにデリダの対置へ注意を促す際に紹介されていたものである。デリダの対置とは、「絶対的なもの／相対的なもの」「確かさ／偶然」「秩序／無秩序」「中心を必要すること／権威を周縁化すること」などである。

●拮　抗

誇大化の視点は遊びとして機能することもあれば、争いや白熱する議論といった衝突全般の一機能でもある。対置は衝突や闘争として見なすこともできるが、それは解消するよりもむしろそのまま保っていることが望ましいこともあるような状態なのである（Rendell, 2006, p. 9; Rawes, 2007）。「内部／外部」、「構造／装飾」、「サービス・エリア／バックヤード」といったような誇張的な主張が建築のあらゆる対置にすぐさま当てはまるようには思われない。それどころか正真正銘の拮抗といえるような立場もあって、この場合にはひとつの見解に固執して、反対の立場を検証することすら拒まれるのである。例えば職能集団は倫理規則に従うのを常とし、それに反するもの（不正、利己主義、剽窃）を職務の正当な方法として受け入れることはまずない。正しいことをしようとするだけで、間違いとわかっていることは行わないのである。ル・コルビュジエが説いたように、「光の中の形態」という建築についての初期モダニストの考え方は、闇の中に潜むかたちという正反対のものが先行しているとは認めなかった。同じように単純で純粋な建築は、がらくたに基づく建築を受け入れることはない。この場合に対置する一方の極から他方の極へと移動することは、少なくとも最初はショック、痛み、混乱、不安といった要素を伴う。例えばレム・コールハースが「ジャンク・スペース」を称賛した場合などがそうであった（Koolhaas, 2004［邦訳書あり］）。

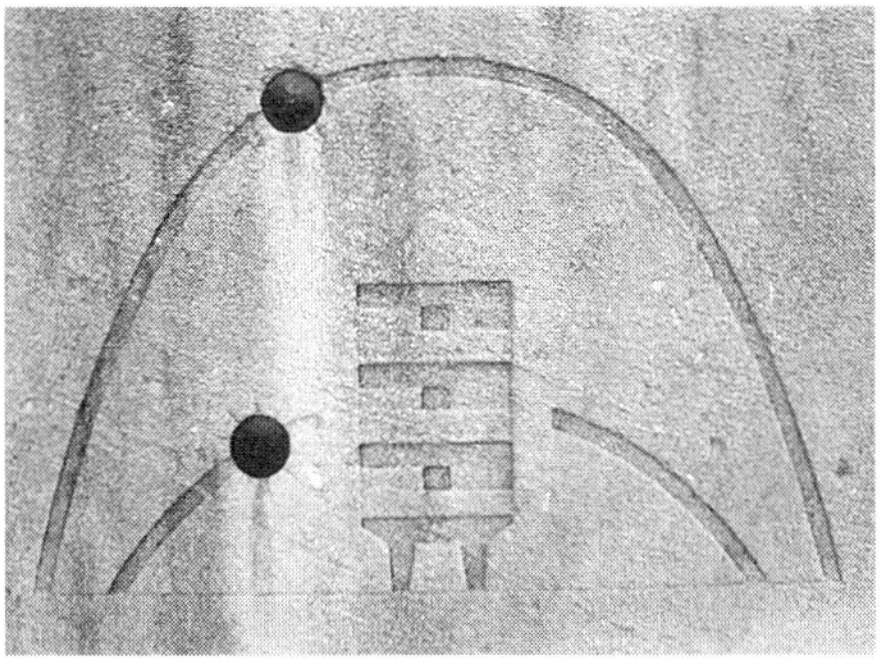

光の中の形態。ル・コルビュジエ設計のユニテ・ダビタシオン入口の柱礎における太陽のモチーフ

格闘という要素は大規模な対置のうちにははっきり見出されるが、もっと小規模の局所的な対立にも当てはまるかもしれない。次の二つの主張の違いについて考えてみよう。一方は建築が光の中の形態からなるという主張であり、他方は建築が光と闇の対照を含むという主張、あるいは建築が騒音と

沈黙の間の、充満した知覚世界と完全な不在の間の厄介な場所を占めているという主張である。建築の最もありふれた対置でさえも、本当は何らかの対立が生じていることを示すような観点から捉えることができる。これが建築家にとってのデリダである。賭け金が大きな問題となるようなものはどこにでも存在する。このようにして大きな対立も些細な対立もどちらも等しく拮抗的なもの、論争的なものとして取り扱われることになる。このような論争の状況を指し示すためのデリダのキーワードのひとつがアポリア（aporia）である。この語は困惑といったものに関係する古代ギリシア語である。ジョン・カプートのようなデリダ注釈者にとって（Caputo, 1987; Derrida, 1993［邦訳書あり］）、このアポリアという語はデリダ哲学の鍵となる。重要なのは、困惑や曖昧さを解消することよりもむしろそれらを生き生きと保ち続けることである。すなわち、解消法と思われているどんなものも、それ自体でさらなる曖昧さや複雑さをはらんでいることを示すことである。

●撹乱としての対置

デリダは注意深く厳密だが、難解な論証の達人であるとたいていは考えられている。デリダ以外にも慣習を転覆させせたり、確かだとされていたものを覆したり、曖昧さをそのままにしておこうとしたりする論者はたくさんいる。他の知識人たちが大々的な主張、マニフェスト、スローガンに頼ろうとする一方、デリダはテクストを厳密に読解したり、自分と対立する論者の言葉遣いを批判したりすることに集中する。ときには標的となった著者が気にもとめない、些細で周縁的な議論を取り上げたりもする。多くの功績を積み重ねるなかでデリダは、哲学の伝統全体のみならず文学や芸術の伝統全体をも見事に掌握している。彼の著作は他の論者の仕事を豊富に参照したりほのめかしたりしているが、これらの論者のなかには彼が実際に論争を交わしていた人々も含まれる。彼が標的となった知識人を撹乱させる方法は、ある著者が主張・擁護しようとする立場がすでに、まさに反論しようとする立場に依存していることを示すというものである。そしてデリダの自信満々で軽快な記述はときに読者をも挑発し、意図的に困惑させているようですらある。

まとめよう。デリダの議論にはつねに賭け金となるような重大な何かが存在している。彼が注目するのは敵に値する哲学や文学のテクストである。彼の議論はそれらのテクスト同士を対置させ、優先順位をつける。次章で見るように彼が示そうとするのは、対置の際に特権化された一方の主張が実際には他方のより劣っているとされた主張に依存しているということである。そして彼の議論はこの劣っているとされた観点を再定義して位置づけ直すことによって復権させるものであり、全体として言葉遣いの再検証をも含むものである。いくつかの点でデリダにも公式のようなものがある。デリダの戦略をプラグマティズムの観点から擁護するリチャード・ローティは、このような公式となっているアプローチを次のようにもじっている。「自己矛盾に見せかけられる何かをみいだし、その矛盾こそがテクストの中心的メッセージであると主張して、それに何らかの変更を加えよ」（Rorty, 1996a, p. 15〔邦訳書、二六頁〕）、研究者がこのような公式をその仕事のうちに見出すことができるというのもデリダだからである。建築が対置や普通であり得ない並置に関わるという点にこそ、ジャック・

デリダの思考を受け入れる素地がある。

初期の研究においてデリダが対象としていたのは現象学として知られる哲学運動，創始者エドムント・フッサールの哲学であった（Derrida, 1989a）。フッサールはマルティン・ハイデガーの師でもある（Heidegger, 1962［邦訳書あり］; Sharr, 2006, 2007）。そしてデリダを現象学の学徒・批評家であると考えることも間違いではない。しかしながら彼の最もインパクトのある研究は言語論，とりわけ構造主義についてのものである。これこそ主著『グラマトロジーについて』のメイン・テーマであった（Derrida, 1976［邦訳書あり］）。言語論やそれとデリダの関係についての非常に役立つ入門書はいくつかある。例えばテレンス・ホークスの著作『構造主義と記号論』（Howkes, 1977［邦訳書あり］）は，言語論や哲学に通じていない読者に対して大変わかりやすく構造主義を説明している。さらにホークスはこの有益な書物のなかでポスト構造主義を構造主義の後継として説明しつつ，デリダの哲学を紹介している。またクリストファー・ノリスの『ディコンストラクション――理論と実践』（Norris, 1982［邦訳書あり］）も重要な解説書であり，デリダの思考の背景となるものを明快に論じている。ジョナサン・カラーの『ディコンストラクション』（Culler, 1985［邦訳書あり］）は，おそらく建築家ピーター・アイゼンマンが影響を受けているデリダ哲学の手引き書である。著名な文学理論家フレドリック・ジェイムソンの『言語の牢獄――構造主義とロシア・フォルマリズム』(Jameson, 1972〔邦訳書あり〕)も、構造主義をより広い文化的文脈のうちで把握することに役立つだろう。本書は以上のテクストを参考にしている。また言語と建築についての重要な書物としては、チャールズ・ジェンクスとジョージ・ベアードの編集により一九六九年に出版された『建築における意味』が挙げられる。この書物はデリダの研究よりも前に刊行された、建築理論家たちの論文集である。この書物で展開されている主要な理論は構造主義に関するものであるが、「記号論」という語はまだ曖昧なものにとどまっている。言語と構造主義がデジタル・メディアや情報技術に組み入れられていく状況も見受けられる(Coyne, 1995, 1999, pp. 120-134)。本章では言語や構造主義を建築と結びつけて論じる。

建築はひとつの言語であるのか? 建築を言語的な観点から非難する著名な論者もいる(Seligmann and Seligmann, 1977; Scruton, 1979; Donougho, 1987)。しかしこの問題に関して論争まで起こっているということは、言語が建築にとって突出した関心事であるということを示している。そこでまずは建築を言語として理解することから始めてみよう。建築家が古典建築のファサードの正しいかたち、形状、構成を主張するとき(Summerson, 1963〔邦訳書あり〕)、彼らが依拠しているのは正しい用法や文法といったものである。パロール(話し言葉)であれエクリチュール(書き言葉)であれ、言語には文として理解できるための正しい形式がある。つまり語は名詞、動詞、形容詞、副詞、冠詞などに分類され、これらの分類に基づいてお互いに関連づけられて配置されなければならない。英語ならば、形容詞は一般的に修飾する名詞よりも前にあり、あらゆる文には動詞がなければならない。異なる言語や方言は異なる文法を持っている。おそらく同じようにして建築も文法として記録・分析され得るような慣習に従っている。空間同士は何らかの仕方でお互いに関連づけられて配置される。例えばサービス・エリアはバックヤードに面しており、住宅の浴室は寝室に近接しているのが望ましく、前庭は玄関の前にある（Alexander et al., 1977〔邦訳書あり〕）。

古典建築言語。アンドレア・パッラーディオによるヴァルマラーナ・ブラガ宮

建築学生は建築言語を学び、設計事務所の新入所員は設計要素を決定・配置する方法を身につける。そこから建築家として新しい空間言語を生み出すこともあるだろう。こうして様式、文法、慣習、規則、形態配置、機能配置といった概念が言語的な考え方へ、とりわけ構文論と呼ばれる考え方に近づく。構文論とは文の並べ方に関するものである。

しかし建築において言語が際立って重要となるのは意味について、つまり意味論について考える場合である。デザイン理論家ヴィクトール・パパネックによれば、「デザインとは、意味ある秩序状態をつくり出すために意識的に努力することである」(Papanek, 1971, p. 3〔邦訳書、一七頁〕)。建築家が創造・促進させようと望むのは、意味にあふれ、豊かな象徴性を持ち、それらを伝えてくる場所であろう。建物を含むどんな人工物も、他のオブジェクトや概念、記憶、場所といったものを参照せざるをえない。建築はこうした意味や指示という言語機能を示しているように思われる。建築は指示するものとして言語的に働くこともあれば、建物が指示される対象となることもある。意味や言語について論じているようなデリダの思想は、建築にも関係しているのである。

デリダの戦略は「脱構築(Deconstruction)」と呼ばれることがある。この語は彼が『グラマトロジーについて』で用いたものである。デリダの主張とは、テクストの見かけ上の合理性が、自身の論証の「破壊に手をつけはじめ、またその粉砕にではなく、その脱=沈殿化、その脱=機械化」に着手するようになるというものである(Derrida, 1976, p. 10〔邦訳書、三一頁〕)。「脱構築」という語が、構築あるいは少なくとも構造の概念に対置されているのは明らかである。この点でこの語は建築にとって示唆的なものとなる。ただし脱構築が直接念頭に置いていたのは、言語や文学理論において非常に影響力のあった構造主義という運動である。脱構築はまたポスト構造主義とも呼ばれている。したがってデリダを読み解くためには、構造主義が意味するものの把握が必要である。

●言語と歴史

言語についての最も初期の厳密な研究は一般的にフェルディナン・ド・ソシュール (1857–1913) のものとされている。ソシュールはフランス系スイス人研究者であり、言語についての彼の講義録『一般言語学講義』が刊行されたのは一九一六年である。この書物が刊行されるまで、一般的な言語研究は主に「文献学」という名目で行われていた。文献学とは、話し言葉としての言語よりもむしろテクストやその解釈・翻訳を第一の主題とする歴史研究である。比較文献学とは、どのようにしてある言語が別の言語から派生したのかという言語同士の類縁関係、すなわち、言語の系統を、植物学者がある種から別の種が進化する過程を観察するようにして、論じるものであった。このような言語の歴史化は、他の言語の派生元となるようなあるひとつの原初的言語が存在するという立場からそう遠くはない。こうして文献学者ウィリアム・ジョーンズ (1746–1794) は、サンスクリット語が「ギリシャ語よりも完全な構造を持ち、ラテン語よりも豊かな構造を持ち、両言語よりも優美で上品な構造を持っている」と述べた。つまりこれらの言語にはうまく説明できないが「共通の源泉」があると指摘したのである (Harris, 1999, p. 3)。デリダが頻繁に参照するフランス人社会理論家ジャン=ジャック・ルソー (1712–1778) は主著『言語起源論』のなかで、「イメージや感情や表象」が以上のような原初的言語という特性を持っていると説明した (Rousseau, 1966, p. 15 [邦訳書、三〇頁])。今となってはひとつあるいは複数の原初的言語が存在するという主張に同意する者はほとんどいないだろう。けれども言語変化あるいは言語・方言同士の関連や進化についての研究はいまだに歴史言語学の分野では関心を持たれている（McMahon, 1994)。

しかしソシュールはこのような歴史性の強調から離れようとした。そして複数の言語に共通していたり、言語同士や言語グループ同士をまたいだりするような構造の重要性を強調した。彼が用いたのはチェスゲームとのアナロジー（Saussure, 1983, p. 88〔邦訳書、一二四～一二五頁〕）である。チェスボード上の状況をぱっと見ただけで、ゲームの状況や最適な次の一手がわかる。ゲームの状況は、ボード上の現在の関係性だけに依存している。つまり現在の状況に至るまでの棋譜を観察する必要はないのである。チェスの場合と同じように言語もまた、任意の時間点における体系全体の内部における関係性についてのものである。いかなる言語も刻々と変化しており、連続的な発展の詳細に焦点を当ててしまうと、言語はいかに機能しているかというより大きな事象に関わる一連の関係性を見逃してしまうことになる。

そのようなわけでソシュールは当時の主流から離れて、言語の共時的な次元（時間に依存しない、あるいは時間に並行する次元）こそが通時的な次元よりも重要であることを主張した。通時的あるいは歴史的な言語研究は、時間経過における言語の変化や言語同士の派生関係に焦点を当てる。対して言語の共時性の研究は、その進化の特定段階においてある特定の言語の内部構造、つまりその内部における関係性を観察し、それを他の言語の構造と比較する。そのようにして異なる言語が、個々の音声パターンや地方ごとの文法上の違いといった特殊性を越えて、構造的な類似性を持っていることがわかる。ソシュールによれば、すべての言語の現在の状態を検討し、世界中の言語を一枚の切断面のように見ることによって、より多くのことが学ばれるのだという。言語の派生関係よりも、ある特定の時点（例えば現在という時点）における世界中の多様な言語の類似性と差異性のほうが多くを教えてくれるのである。

このようにして言語に対するソシュール的なアプローチは構造主義的なものと見なされる。そのアプローチは言語の共時的研究に関わるものであって、特定の言語の進化過程には関わらない。構造主義とは言語における構造を重視する言語学や文学論の運動であり、系統や起源といった概念に対してもはや懐疑的である。そしてそれはデリダも共有し、後に彼が発展させた懐疑的態度であった。

ソシュールが対立した主流の言語学は一八～一九世紀の理論家たちの建築に関する思考に対応するものであった。建築を言語として考えることは、建築の歴史という観点からも示唆的である。建築史家ジョセフ・リクワートは、建築の起源を主張しようとする建築論の傾向性を指摘している（Rykwert, 1977［邦訳書あり］）。この傾向性は、ウィトルウィウスの著作（Vitruvius, 1960［邦訳書あり］）からロージエ（Laugier, 1977［邦訳書あり］）やラスキン（Ruskin, 1956［邦訳書あり］）に至るまで見て取ることができる。広く行きわたっている建築神話によれば、起源の役割を演じる建築的な人工物は「原始の小屋」である。この捉えどころのない建築的創造の最初の契機の痕跡は、古典オーダーやゴシック建築には明白に存続しており、そのほかの形態でも注意深く観察すればどこかしらに見つけることができるとされる。この小屋は木の幹によって作られた建築の原型であり、この木の幹が柱となる。さらに木でできた覆いが屋根となり、全体の組成は石造で模倣されることになる。合理主義教育者ジャン・ニコラ・ルイ・デュラン（1796-1886）は、「有用性」に基づくロージエとは異なる物語を作り上げたが、その目的は建物の形態の派生的な類型学を展開することであった（Durand, 2000［邦訳書あり］）。デュランの著作では、単純なバシリカ式形態から機能上の変化に基づくいくつかの段階を経て、大聖堂にまで進化する過程が示されている。建築がその起源を振り返りながら自らの進化過程について思考するときには、ある種の通時的な分析が行われている。そしてこのような分析に対置されるのが、現在あるものを記録してその関係性を考察する共時的分析である。このことによって建築史を学んだり発展させたりする必要性が否定されるのではない。非難されているのは建築の歴史主義である。これは、建築が単純なものから進化・発展するという立場であり、歴史には「目的」があるという一種の信仰である。ここには各時代に「精神」があって建築はこの精神に表現を与えるものだという考え方（Runes, 1942, p. 127）も含まれるが、これは科学哲学者カール・ポパーや建築理論家デイヴィッド・ワトキンによって批判された見解である（Popper, 1957［邦訳書あり］; Watkin, 1977［邦訳書あり］）。歴史には目的があり、建築を含む文化現象はひとつの起源へと遡るという歴史主義に対しては、デリダも以上のような懐疑的態度を明らかに引き継いでいる。

●対 応 理 論

ソシュールはまた、語が語の外側の現実のなかの実物に関係するという、当時の一般的な見方も批判した。古代神学者アウグスティヌス（354-430）の考えによれば、子供が会話を学ぶときに実際に行っているのは、周りの人々をとおして話された語と事物の結びつきを覚えることだという。つまり子供は「ものに名前」を付けているとされた（Augustine, 1991, p. 18［邦訳書、五〇頁］）。このような対応理論は、「あらゆる理論の中で最も古風な言語理論」（Jameson, 1972, p. 30［邦訳書、二九～三〇頁］）との烙印を押されている。言語の名づけという機能が容易に批判されてしまうのは話者が次のことに気づくときである。つまり触ったり識別したりできず物的ですらないにもかかわらず語が指示するような、概念やアイデア、対象（例えば赤や数字の5、強いという形容詞）が数多く存在するということである。ソシュールが論じたのは、「直接的に感知できる具体的なひとまとまり」に正確に対応するものを科学や歴史、文法のなかに見つけることの難しさである。構造主義の注釈者フレデリック・ジェイムソンが指摘するように、相対性理論や量子力学は以上のような対応理論ではうまく説明がつかない。例えばジェイムソンによれば、光の波動論と粒子論の論争の場合、「科学的研究はすでに認知の限界に来ている。対象はもはやそれ自身の物理的構造によって一つ一つ切り離せるような物とか有機体ではなく、いろいろに分離・分類できるものではない」（ibid., p. 14［前掲書、一五頁］）。

言語がその外側で指示するものには、現実には触れることのできないものもある。それでもやはり言語は問題なく機能しているように思われる。人間は物事を理解したり実際に行動したりするときに言語の助けを借りる。社会集団とは、特定の文脈における特定の語の使い方を知っている集団のことである。こうしてみると結局のところ言語というものは、対応物や独立した現実よりもむしろその使用に結びついたものなのかもしれない（Wittgenstein, 1953［邦訳書あり］）。ソシュールによれば語とその対象のつながりにはいかなる特別な基礎もない。そのつながりを決定するのは言語コミュニティの同意である。例えば「家」という語に関して重要なのは、道路沿いにある建物との特定の関係ではなく、慣習が可能にしているものである。これは異なる言語で同じ対象に対して別の言葉が用いられているという事実からも明らかである。したがって語と対象の関係は「恣意的」なものであり、指示されるもの（家）は事物の場合もあれば概念の場合もある。言語や現実に関するソシュールの見解のラディカルさは次のような彼の言葉によってまとめることができる。「言語記号が結ぶのは、ものと名前ではなくて、概念と聴覚映像（訳者注：音形 sound pattern）である」（Jameson, 1972, p. 66［邦訳書、九六頁］）。このようにソシュールが提示しているのは、言語が言語そのものを越えた現実に依拠することを必要としないような言語探求の体系的方法である。

したがって構造主義の言語論は、このようなシニフィアン（意味するもの）とシニフィエ（意味されるもの）の関係の問題を重視する。この関係は等式や比率のかたちで示されたりする。分数の場合には「シニフィアン」が横線の上部に、「シニフィエ」が下部に置かれて、一方に対する他方の優位性が示されたりもする。一般的にこの二つのキーワードは、「/」というスラッシュ記号で隔てられるが、この記号は構造主義者たちの著作でよく見られるものである。精神分析哲学者ジャック・ラカンは、「S/s」のようにしてこの関係を数学の分数のように扱い、これを変形させたりもする（Lacan, 1979［邦訳書あり］）。シニフィアンとシニフィエの関係は「記号状況」と呼ばれたりもするが、この見方がすでに、言語は事物を指示する記号から構成されているとする一般的な見解から脱する出発点なのである。構造主義にとって記号状況が意味しているのは、シニフィアンとシニフィエがひとつの記号体系のうちにあるということである。

初見者や批判者からすると構造主義は、現実の存在を否定し、それゆえに常識に反するものであるように思われるかもしれない（Sokal and Bricmont, 2003［邦訳書あり］）。構造主義は言語が指示する（意味する）事物が目の前に存在していることを否定するものではない。むしろ構造主義が言わんとしているのは、言語の全体と人間の経験の全体が共鳴しているということなのである。ジェイムソンによれば構造主義の主張とは、「現実そのものと並行する」のは言語体系全体であり、経験される日常世界の個々の事物や出来事を表象したり、「反映」したりするとされる個々の語や文ではないということである。記号体系の全体こそが「現実の世界の中に存在するあらゆる有機的構造と類比関係にある」。言語を用いた理解というものは対応関係に基づくのではなく、ひとつの全体あるいはゲシュタルトから他の全体あるいはゲシュタルトへ進むことなのである（Jameson, 1972, p. 33〔邦訳書、三二頁〕）。構造主義的リアリズムのもう一人の提唱者であるロラン・バルト曰く、言語は「現実的なものを表現する責務はなく、それを意味するのが務めである」（Barthes, 1973, p. 149〔邦訳書、一八〇頁〕）。このように構造主義は経験される現実よりも記号や言語のほうを強調する。いうまでもないが、言語の機能は言語の外側にある独立した現実を指示することだという言語対応理論のような考え方に対しては、デリダも構造主義と同じように懐疑的である。実際これから検討するように、デリダは構造主義よりもさらに踏み込んでいる。というのも彼は、どんな言語の言明における指示対象（シニフィエ）もその指示を逃れていくものであり、あるいは少なくとも指示連鎖の一部分であるということを指摘したからである。

建築を言語として考えた場合、指示対象（シニフィエ）が指示を逃れるものであることは、語の場合よりもはっきりと示される。一九世紀の新古典主義建築のイオニア式柱頭の渦巻きは何を指示しているのか？　巻き葉、ギリシア神殿、荘厳さ、ルネッサンスの理想、あるいはヴィクトリア様式の建物だろうか？　おそらく渦巻きは文脈に応じて、そのすべてを指示することもどれかひとつを指示することもあるだろう。

●記号体系と差異

言語学者が言語の共時性に注目する場合には、個々の要素よりも構造こそが重要なものとなる。発達心理学者ジャン・ピアジェ（1896–1980）によれば、構造主義は「最初から、関係的態度を取り入れる立場だ。この態度によれば、考慮するのは、要素でもなければ、いかにしてということを明確化しえないようなものとしてのしかかってくる全体でもなく、要素間の関係…である」（Piaget, 1970, pp. 8–9〔邦訳書、一八頁〕）。「関係」という考え方が、ソシュール言語学においては非常に重要なのである。

すでに示したように、言語記号はシニフィアンとシニフィエの関係からなる。このような関係の実例が言語記号を構成しており、この関係が複雑に組み合わさって記号体系が出来上がる。ソシュールが注目した関係は、音形同士の単純な関係性であった。ひとつの言語の語彙を構成する音形の膨大な集合において、鍵となる関係は何だろうか？　音形の働きを可能にしているのは差異である。この差異という語は、プロローグで述べたように、のちにデリダにとって象徴的なものとなる。ソシュールはまず音素という音形の基本構成要素を用いて、差異についての説明を始めている。言語が機能するのはある音素が別の音素から区別されることができるからである。「語において重要なのは、音そのものではなくて、その語を他のすべての語から区別せしめる音的差異である、なぜなら意義をになうものはそれであるからだ」（Saussure, 1983, p. 116〔邦訳書、一六五頁〕）。このようなわけで「家

(house)」という語が「ねずみ（mouse）」という語や他の多くの類音語と異なるのは、最初の音素の示差性によるのである（Jacobson and Halle, 1956）。

ソシュールの分析や彼の言語学の解説者や批評家の分析は、差異というテーマに関しては非常に詳細である。ただし一見すると建築に直接結びつくようには思われない。例えば言語において差異が重要である証拠としてソシュールが引用するのは、フランス語のrの音声の事例である。一般的に使用されるフランス語にはchという音声（例えば「バッハ Bach」）が存在しないため、chの代わりにrを用いることが可能であり、それで十分通じるのである。他方でソシュールによればこのようなことはドイツ語には当てはまらない。というのもドイツ語にはchという音声がすでに存在しているからである。もしすべてのrの音声がchの音声に変化した場合には、ドイツ語の単語同士の重要な区別のうちのひとつが失われてしまうのだ（Saussure, 1983, p. 117［邦訳書、一六七頁］）。言い換えるならば、言語コミュニティは意味上の区別をはっきりさせるために、自分たちが使用できる音声語彙を最適に用いているのである。同じようにして、もし利用可能な語が複数存在する場合には、話者は意味の差異がはっきりするようにそれらの語を割り当てる。そのようなわけでフランス語の単語が歴史の過程で英語に持ち込まれたことによって、英語にはsheepとmuttonという羊に関する2つの英単語があるが、前者は生きた動物を指すものに、後者は食用の羊肉を指すものにそれぞれ割り当てられている。一方フランスではmoutonというひとつの語がこの両方を語義として含んでいる（ibid., p. 114

〔前掲書、一六二頁〕）。書き物をしていて、特定の文脈における正しい単語を調べるためにオンライン辞書を見れば、膨大な同義語が細かな区別を豊かに生み出していることがわかるだろう。

差異を構成しているもの、あるいは少なくとも意味上の差異を構成しているものも、やはり特定の言語コミュニティの慣習に依存している。日本語を話したり理解したりする能力は、ネイティブの英語話者にとってはほとんど差異として認識されることのない音素上の差異の組み合わせに基づいている。同じことが、例えばフランス語の pas と par という語の差異のように、英語とフランス語といったあらゆる二つの言語同士の比較にも当てはまる。音素上の差異という考え方によれば、言語において重要なものとして発展した差異だけが保持される。差異以外のものはアクセントのくせや方言を構成する程度であるか、気づかれることのないものである。

建築を記述するために用いられる言語も以上のような傾向性を示す。すなわち実践上重要な差異を可能にしたり反映したりしようとするのである。例えば住宅の正面と住宅の背面について語ることは容易だが、住宅はたいてい他に二つの側面を持っている。この二つの側面を容易に区別するための曖昧でない表現は存在しない。「右／左」や「東／西」といったもののくらいだろうか？　ものの正面と背面の違いは非常に重要なので、両者に対しては明確に異なる言葉を用いるのも当然だということになるだろう。建築の場合には言葉だけが問題となるのではない。建築家は住宅の正面と背面で異なる建築的な要素や材料を用いることもある。言語と建築が区別や差異によって機能していることはさまざまな観点から見て取ることができるが、両者の区別や差異はお互いの文脈で働きかけ合うものでもある。別の事例を挙げよう。ニュージーランドでは、中流階級の家庭が別宅を持つのは比較的よくあることである。このような別荘が、時々利用するだけの小規模な家屋である場合には「バッチ(bach)」(bachelor home の略)と呼ばれる。もっと大きくて家族でよく使う場合には「ビーチ・ハウス」と呼ばれる。ニュージーランドというこの特定の場所の地理、経済、社会の条件が、イギリスで見られるものとは異なる区別の集合を生み出しているのである。イギリスではこのような区別(バッチとビーチ・ハウスなど)は社会的にほとんど重要ではない。名づけ方におけるこのような区別は、これらのビルディング・タイプのデザインや構成のうちにも現れている。差異は話し言葉としての言語の場合も、言語としての建築の場合も、どちらでも対置を作り出すことによって生じる。例えば、「正面/背面」「中心/周縁」「内部/外部」「構造/装飾」といったようにである。差異の体系は、コミュニティが物事を識別する手段として機能している。ソシュールは次のように述べている。

言語には差異しかない。それだけではない:差異といえば、いっぱんに積極的辞項を予想し、それらのあいだに成立するものであるが、言語には積極的辞項のない差異しかない。(ibid., p. 149〔前掲書、一六八頁〕)

すでに見たように、デリダは差異の概念を言語のある種の基礎として考えているが、しかしそれは未決定で曖昧かつ不安定な基礎である。

●深層構造

差異を前提とした関係の体系としての言語という考え方によってソシュールが発見したのは、言語には二つの側面があるということであった。ひとつは各文化で独自の現れ方をする言語の表面・表層構造であり、言語のパロールと呼ばれるものである。すなわち地域ごとに異なって発話（表記）されるものとしての言語である。もうひとつはおよそ考えられるさまざまな言語に通底する構造であり、ラングと呼ばれる。パロールは発話の能動的な次元である一方、ラングは発話の受動的かつ不変な次元である。地方なまり、誤った発音、個人のくせといったものは「パロールの学問」の問題である（Jameson, 1972, pp. 26–27〔邦訳書、二六頁〕）。しかしながらソシュールの関心はどちらかというとラングのほうにある。ラングは地域的な制約を越えたものであり、個々の言語の特定の使用法の根底にある構造である。この点にこそ建築と結びつくものがある。ある建物の仕上げに際して選択される外装材、建具、看板は表層構造として考えられる。これに対して構造や全体平面を含む建物の形態は深層構造を構成している。表層的要素を取り除いても形態には影響しない。別の見方をすれば、表層構造はただ外観にのみ関わるものである一方、深層構造は建築作品に現れている意図や意味、理念と見なすことができるだろう。

また表層／深層という区別は、深層構造を（集団的であれ個人的であれ）無意識と同一視する心理学上の一般的見解とも相性が良い（Davis, 1997）。この点でデリダの思考は構造主義から大きく離れていく。というのも彼は深層的な意味、真に正しい理解、無意識的な欲望といった概念あるいはその他の形而上学的な構築物を利用するつもりはないからである。これに関して彼は、意識と無意識の区別を「言語との関係を扱うにはきわめて粗雑な道具立て」と説明している（Derrida, 1981, p. 96［邦訳書、一四八頁］）。深層構造といういっそう奥深く永続的あるいはいっそう構造化された基盤が、言語や人間心理、建築に存在するにしても、デリダが示すのはこの基盤が流動的なものであり、未決定のものであり、実際には基礎などというものは全く存在しないということなのである。

●言語という観点の拡張

人間学的な洞察がなかったら、以上のような構造言語学のテクニックのいくつかを建築に具体的にあてはめるのは難しいだろう。構造主義の貢献のうちのひとつは、話し言葉や書き言葉によるコミュニケーション以外のものを言語として考える道を示したということであった。例えば文学理論家ロラン・バルトの著作における構造主義では、芸術、ファッション、建築、スポーツといった文化全般が言語の形態として認められている（Barthes, 1973, p. 118［邦訳書、一四一頁］）。建築家が建築は言語とは別ものであると考えるとしても、構造主義の観点からすれば、建築は間違いなく言語に似たものなのである。とりわけ前章で取り上げた対置という観点から建築は議論しやすい。建築は対置という概念を用いて捉えることができるがゆえに、構造主義的な言語論の観点から論じることができるのである。

人類学者クロード・レヴィ=ストロース（1908–2009）は、親族パターン、タブー、料理、儀式、婚姻法則などを検討する手法として、構造主義の理論を発展させた（Lévi-Strauss, 1963［邦訳書あり］）。構造人類学は音素上の差異という問題を単純化する。音素の二元的な差異を人類学の観点から読み替えるならば、「衛生／不衛生」「調理済み／生のまま」「男性／女性」「内／外」「若い／年老いた」「天空／大地」「生／死」などである。同じように伝統的な村落のコミュニティのなかには、成員が自分を動物の子孫という観点から考えるものがある。あるグループは自分をクマの子孫であると考える一方、別のグループは自分をオオカミの子孫であると考える。XというコミュニティとYというコミュニティの差異は、ちょうど二つの異なる動物の種の違いと同じである。オオカミ、クマ、ワシということでこの差異の理解を確立するためには十分である。そしてこのような差異の理解が、Xのコミュニティによるコミュニティ外の者への対応の仕方のうちに反映されるものとなる。このように言語コミュニティのパロールに利用できるよう

言語としてのファッション。青空市のファッション用マネキン（モロッコ・ラバト）

なものを土地ごとの条件から見つけ出す行為を、レヴィ＝ストロースは「ブリコラージュ」と呼んでいる。

以上のように人類学研究が発達したおかげで、似たような構造上の区別が、複数の近代社会において各土地で独自に適用されながら生み出されていることが明らかになった。しかもこれらの区別のなかには、上記と同じように動物の種に関する区別に依拠したものもある。例えばスポーツの分野でワラビー、ライオン、スプリングボックといった区別が用いられていたりする（Hawkes, 1977, pp. 54-55〔邦訳書、七七頁〕）。さらにレヴィ＝ストロースは変換についての理論も展開している。「神話的思考はある対立の意識から発し、その漸次的媒介へと進む」のであり（Lévi-Strauss, 1963, p. 224〔邦訳書、二四八頁〕）、ある神話の変異形から他の変異形へ移行することを可能にする変換法則が存在する（Hawkes, 1977, p. 48〔邦訳書、六八頁〕）。

構造主義の見解は建築の発展に対しても意味を持つ。構造主義は伝統的な建築を理解することに対しても重要な貢献をしているのである。例えばロマネスク教会のうちには、太陽や月、黄道帯の軌道に関係づけられた図式や象徴体系を見出すことができる。構造主義の観点からロマネスク教会の特質を複雑に絡み合った対置として分析することができるだろう。これらの対置は「東／西」「光／闇」「過去／未来」「時間／空間」「生／死」「天空／大地」「かりそめ／永遠」「中心／周縁」といったものである。このような分析によって、似たような構造的関係が、北京の紫禁城やヒンズー教寺院、ポーニー族のドーム型住居の図式のうちにも発見されるだろう（Snodgrass, 1990）。

伝統建築を構造主義的な観点から分析することはおそらくかなり容易である。構造主義的な観点は伝統建築の持つ深層構造の言語に適用しやすい。しかしながらそれは現代建築の世界に対しては得るものが少ない。現代建築の世界はグローバルかつ自意識過剰、しかも意図的に自己言及をする世界である。このような現代建築に対してはポスト構造主義のほうが適用しやすい。そしてデリダはこのようなラディカルな構造主義における重要人物である。

●ラディカルな構造主義

構造主義には非難や批判の声もあるが、それはとりわけ社会学者からのものである。彼らによれば、構造主義は行為主体という概念に対して全く重要性を認めず、それゆえに社会的責任の重要性を否定しているように見える（Giddens, 1984, p. 32〔邦訳書、三二頁〕）。構造主義は自己言及的な言語ゲームや記号・指示自体の自己完結な活動を容易に推し進めてしまいがちであり、実際には実践に着地しないこともある。こうして構造主義が自己批判として打ち立てたのがポスト構造主義（と脱構築）である。ポスト構造主義は構造主義の鍵となる洞察をさらにラディカルにしたものと見なすことができる。これは、とりわけロラン・バルト（1915-1980）、ミシェル・フーコー（1926-1984）、そしてもちろんジャック・デリダによってなされた。『グラマトロジーについて』でデリダが集中的に取り組んでいるのは、言語に関するいくつかの構造主義的概念、とりわけシニフィアン―シニフィエの関係を揺るがすということである。すでに構造主義においても示唆されていてデリダも詳細に議論しているのは、シニフィエ（指示対象）がいかなる特定の言語状況においても、特定されることからつねにうまく逃れてしまうということである。むしろシニフィアンがたえず他のシニフィアンを指示し、今度はこの指示されたシニフィアンがまた別のシニフィアンに結びついているように見えたりする。例えば「家」という語（シニフィアン）は、たんに家という単一の概念としての街路沿いの家を指し示しているだけではない。それに加えてある家のイメージや雑誌に掲載された一枚の写真、もしくは大衆ホームコメディ番組、連続ドラマ、宣伝用パンフレット、詩に出てきた家を指すこともある。あるいは団らんや暮らし、家族といったものを指すかもしれないし、意味を強調するためのジェスチャー（指さし）すら指すかもしれない。そしてこれらのシニフィアンのそれぞれが話者を別のシニフィアンのほうへ向かわせているのである。

話者が発言を行うとき、このような指示の連鎖の終局点は一般に当の発言の意味として見なされる。しかしながらもし意味がどこかに存在しているとしても、それは意味作用のこのような連鎖が残した痕跡のうちである。意味のようなものが着地する終局点など存在しない。デリダの最もわかりやすいメタファーのひとつは、郵便サービスのメタファーである。郵便サービスが意味の概念に対して持つ含意について、デリダは『絵葉書』(Derrida, 1979〔邦訳書あり〕)のなかで非常に詳細に議論している。特にわかりやすいのはメッセージがその送り手の元に戻ってきてしまったり、遅れて届いたり、配達の途中で紛失されてしまったりする場合である。または文脈を見失ったり、果たされることのない約束を告げていたり、誤解されてしまったり、意味を明快にするどころか混乱させてしまったりしている場合である。郵便サービスと同じように言語もまたある種の循環の体系であり、物事を戯れのなかにとどまらせ続け、それが通過した後に連結や指示対象を幾重にも残していくのである。言語は痕跡の概念を通じてしか機能することができないし、つねにそのように機能してきた。バルトは「究極の意味の周辺に、他の可能な多くの意味が漂っている潜在的な厚みが、相変わらず残っているのだ」(1973, p. 143〔邦訳書、一七三頁〕)と述べている。デリダ(やバルト)にとってはこのような終わりのない参照という性質こそが重要である。どれほど単純に「このシニフィアンはあのシニフィエのものだ」と述べることができるような言語状況であろうと、その状況は高度に文脈化されており、このような結びつきは束の間のことなのである。

●意味と形而上学

デリダにとって言語における意味という概念は、プロローグで言及した知性の基礎という形而上学的な問題を共有している。意味や基礎は実のところ決定されない現象であり、たえず流動や戯れのうちにある。意味に関しても同じくいえるのは、あらゆる現象に対する中心や核、基礎が存在しないということではなく、核や基礎が自分自身を基盤として成立させるために別の条件に依存しているということである。ここから出てくるのが、確かさが依拠する「碁盤なきチェスボード」という、プロローグでも引用したデリダの言葉である（Derrida, 1982a, p. 22〔邦訳書、六七頁〕）。中心は、その周囲に構築されると考えられているものに依存している。あるいは中心はつねに「異質な」ものである。中心は外部から持ち込まれるものであり、正当化なき定義であり、以前に存在していたものとは異なる新しいものとして見出されるものである。基礎という概念は、自身の地位を核として作り上げようとすることの不安定さに依拠しているように思われる。同じように意味もこの未決定の戯れのなかでつかまれるものである。

これこそが建築に対してデリダの思考が持つ重要な意義のひとつである。その思考は意味の問題と形而上学の問題をひとまとめにして、それぞれが不確かさや決定不可能性に依存していることを示している。したがって、デリダの思考が建築にとって有益となるのは以下の三点においてである。第一に、言語についての彼の思考がそれ自体として有益である。というのも、その思考は建築の深層構造、教義、基盤、基礎といったものを問題化するからである。第二に、次章で見るように、デリダがこのような結論に到達するプロセスは言語、意味、理性、理解、そしてその結果としてデザインについて多くのことを明らかにする。第三に、建築が依拠することを求めてられているのは、建築の主張に専門知識を要求するような権威的な意味ではなく、注釈である。というのも、特定の意味や手法、学識、専門知識、科学、天才の持つ権威性に建築が依拠することは、形而上学的であるがゆえに不十分だからである。デリダの議論は確かさからも絶望からも離れて、語り続けることの必要性へと向かう。それは、言語を硬直化した定義という手に負えなくなった建物に閉じ込めるのではなく、生き生きと保ち続けることである。つねに疑問を抱き、変化・改定しつつ、驚きに対して開かれ続けることである。このようなことが次章以降で論じられるテーマである。

第3章　間テクスト性とメタファー　*Intertextuality and Metaphor*

構造主義の教えに基づく新しい言語論や形而上学の事例を提示する際に、デリダは興味深い戦略をとっている。そこでデリダが提示する議論やテクスト読解、コミュニケーションへのアプローチや聡明な論理展開は、建築を含む他の創造分野にまで拡張されるものである。

デリダが自身の主張を概略しているものには、『グラマトロジーについて』という著作以外に、長編論文「プラトンのパルマケイアー」がある。この論文の中身はプラトン哲学の批判であり、プラトンの師ソクラテスと若き学徒パイドロスの対話を描いたプラトンの『パイドロス』についての注釈となっている。このプラトンの対話編は表向きには理性による正しい知識の使用に関するものである。ソフィストたちの浅はかで欺瞞的な弁論術に反対し、また彼らが神話的な話しぶりや説得のためのトリックに頼っていることを批判している。プラトンが理性を是認するためにとる方法は、愛についての一連の三つの会話である。オックスフォード版英訳者であるロビン・ウォーターフィールド（Plato, 2002）のように、『パイドロス』の「オーソドックスな」注釈者の場合、一般にこの著作で注目されるのは弁論術の性質についての見解である。あるいは登場人物同士の一連の会話（問答法）というプラトンの著述方法を正当化するものと見なされたり、人間精神の分裂した衝動（自我、エゴ、超自我のフロイトの議論に先行するもの）が指摘されたりすることもある。あるいは愛について説明されるときに男色的な関係が明白かつ排他的に範例とされているという指摘もある。しかしながら「プラトンのパルマケイアー」においてデリダは、オーソドックスな注釈とは決定的に異なった方針をとっている。むしろ『パイドロス』においてデリダが注目するのは、エクリチュール（書かれたもの：writing）の起源という神話が論じられている一節である。

したがって『パイドロス』におけるその一節を検討する前に、次のことに注意しておかなければならない。すなわち、複数の研究を通じてデリダが焦点を当てるのは、羊皮や紙面に書かれた語と話された語との関係の重要性である。いうまでもなくプラトン以降の多くの学者は、考えを紙面に書きとめることで世代を超えて伝達させるというエクリチュールの非常に優れた技能を持っていた。現代の文化では書かれた語は印刷される。このテーマについて考えてみれば一般的に理解されることだが、考えを記述・印刷して保存・伝達するというこの知性の社会的な達成には代償が伴う。物事を書き記したりパソコン画面にテクストを表示させたり印刷したりする際に実際に行われているのは、言明を固定化するということなのである。つまり演説、講義、ラジオ放送などのパロール（発話）行為であれ、独り言をつぶやく場合であれ、盛り上がった会話であれ、そういった話された語の力や直接性が放棄されるのである。このように会話やおしゃべりの直接性が失われることに対する嘆きをうまく表現したのはマーシャル・マクルーハン（McLuhan, 1962〔邦訳書あり〕）である。マクルーハンは一九六〇年代のメディア理論の先駆者であり、デリダも一時は彼の研究を参照していた（Derrida, 1982b, p. 329〔邦訳書、二六六頁〕）。マクルーハンの観点からすると、エクリチュールが発明されたことで、目や視覚に対する優位が主張されるようになった。書かれたテクストに支配されると、人間は物事を書き記されたものとして一定の距離を隔てて見るようになる。そのようにして客観的概念や科学的方法といったものが誕生する。しかしながらエクリチュールという一大発明より以前の人間コミュニティに満ちていたのは発話やおしゃべりであり、そしてもちろん聞くこと、つまり耳の文化であった。人類学の研究をざっくばらんに引用しながら、マクルーハンはこのような時代変遷の神話を作り上げた。この神話において聴覚は、後に視覚文化がもたらした啓蒙的な影響と比べて、ずっと交渉的かつ能動的であり未分化のものとして特徴づけられている。

マクルーハンはこのような神話を現代にまで拡張している。たえまなくざわめきを発する電子メディアは、聴覚的なものの直接性へのある種の回帰を予言している。一九六〇年代の携帯型トランジスタ・ラジオやウォークマン、そして今では携帯電話からの音声が広まっていったことを考えればよい。このような見方は現代の電子メディアに関しても当てはまる（Coyne, 1995, 1999, 2008）。新しい電子メディアが極度に賛美・正当化され、それら（フェイスブックやツイッターといったソーシャル・メディアなど）によってコミュニティを取り戻すことができるという希望が抱かれている。こうしたことの基礎にあるのは、視覚的なものに勝る聴覚的なものの直接性や対話性という性質へ回帰したいという願望である。書かれた語と話された語という厄介な関係は、エリック・ハヴロック（Havelock, 1986）やウォルター・オング（Ong, 2002［邦訳書あり］）といった研究者の著作において詳細に探求されている。

本書の目的からしてこの点については次のことを指摘しておけば十分である。すなわち、プラトンと同程度の古い時代にさかのぼる哲学書においても、書かれた語の持つ力が自覚されつつもそれに対して疑いがかけられており、読み書き以前の状態へのノスタルジアが存在していた。このような疑いやノスタルジアがこの上なく明白に現れているのが『パイドロス』においてプラトンがエクリチュールの起源の神話を語っている箇所である。そこでは、エクリチュールの技能に関する教義に対していくつかの留保がつけられている。これらの留保はエクリチュールの発明者とされるエジプトの神テウトに向けられたものである。

人々がこの文字というものを学ぶと、……忘れっぽい性質が植えつけられることだろうから。それはほかでもない、彼らは、書いたものを信頼して、ものを思い出すのに、自分以外のものに彫りつけられたしるしによって外から思い出すようになり、自分で自分の力によって内から思い出すことをしないようになるからである。じじつ、あなたが発明したのは、記憶の秘訣（訳者

注：薬pocion）ではなくて、想起の秘訣なのだ。また他方、あなたがこれを学ぶ人たちに与える知恵というのは、知恵の外見であって、真実の知恵ではない。すなわち、彼らはあなたのおかげで、親しく教えを受けなくてももの知りになるため、多くの場合ほんとうは何も知らないでいながら、見かけだけはひじょうな博識家であると思われるようになるだろう……（Plato, 2002, p. 69, l. 275a〔邦訳書、二五五―二五六頁〕）

これらの言葉は対話の一部となっており、プラトンの師ソクラテスの口から発せられている（すなわち、テウトやエクリチュールについての話はソクラテスによって語られている）。そしてよく知られているように、ソクラテス自身は決してものを書き記すことがなかった。デリダは『パイドロス』からの以上の一節を自身の長編論文（「プラトンのパルマケイアー」）の中で引用している。

またデリダはルソーも広範囲にわたって引用している。『言語起源論』においてルソーはエクリチュールが「言語を固定する」と主張している。「それは語を変化させないが、言語の特質を変化させ、表現の代わりに正確さを持ちこむ。」そしてさらに「書くときに（訳者注：エクリチュールにおいて）人びとはすべての語を一般に共通の意味で取らざるをえない。しかし話す（訳者注：パロールにおいて）人は調子によって意味を変化させ、自分の好むままに意味を決定する」（Rousseau, 1966, pp. 21-22〔邦訳書、四三頁〕）。パロールはエクリチュールよりもはるかに表現能力に優れた媒体であり、論者の思考により近いものであるとされる。

エクリチュールに関するルソーの留保は彼の個人生活にまで及んでいる。自伝のなかではいかに彼が自身のエクリチュールの背後に隠れることを好んでいたかが述べられている。

> もしも私がそこへ行けば、自分の不利になるだけではなく、自分とはまったく別の人間に見られるというようなことがなければ、私だって人並みに社交界が好きになるだろう。ものを書いて、身は隠しているという決心をしたのは、まさにそれが自分に合っていたからなのだ。眼のまえに姿を見れば、私の値打ちはけっしてわかってもらえなかっただろうし、値打ちがあるなども思われなかっただろう。(Rousseau, 2008, p. 114〔邦訳書、一三二頁〕)

謙虚に見せかけようとする思惑の一端を明らかに含むこの自らも認める内気な性格によって、ルソーは自身のエクリチュールの背後に身を隠すことができ、自分が見せたいと思う部分だけをエクリチュールを通して提示することができたのである。このようにエクリチュールは自分自身についての真実を、つまり著者あるいは自称語り手の真実を覆い隠すことができる。

同じようにソシュールもまた、言語理解の基礎を書かれたものよりも話されたものに定めて、「概念と聴覚映像（訳者注：音形 sound pattern）」（Saussure, 1983, p. 66［邦訳書、九六頁］）の直接的な結合の価値を強調する。デリダが説明するように、言語についての以上のような説明はある共通認識を示している。つまり物事をテクストとして書き記すこと、それらを図書館やデータベース上に保管すること、そしてテクストを伝達させ普及させることは、その効力や功績がどれほどのものであれ、実物の代理となることに過ぎないという認識である。そしてこの実物とは、人間同士の直接的なコミュニケーションである（Derrida, 1982b, p. 312［邦訳書、二二三四頁］）。考えというものはわれわれが会話のなかで語り合うというかたちでしか形成されないのであり、話したり聞いたりしたことこそがわれわれのあり方と直接結びついたものであり、発話こそが、一時的かつ文脈依存的であって改定や修正へ開かれているという点で、本当の瞬間に属しているものだというわけである。このような共通認識こそ、まさにデリダが異議を唱えるものである。

●薬としてのエクリチュール

デリダが『パイドロス』についての自身の論文につけたタイトル「プラトンのパルマケイアー」は、エクリチュールの起源についての上述の『パイドロス』の箇所で用いられている、ある単語に対応している。「あなたが発明したのは、記憶の秘訣（訳者注：薬 pacion）ではなくて、想起の秘訣なのだ。」（Plato, 2002, p. 69, l. 275a［邦訳書、二五六頁］）。デリダが重視するのは「薬」という語である。この語は、『パイドロス』の翻訳者によって、「医薬（medicine）」「解毒剤（antidote）」「薬

(drug)」「毒薬（poison)」といったようにさまざまに訳されてきた。もともとのギリシア語である「パルマコン（Pharmakon)」は、治癒するためのものとも、その反対に体調を悪くさせるものとも、どちらにも翻訳することのできる語である。このような曖昧さは、初期の医療がどうひいき目に見てもかなりのリスクを伴う行為であったことを考えれば、仕方のないものであろう（Mikics, 2010, p. 148)。

デリダが特に強調するのは、さまざまな翻訳者たちが「パルマコン（pharmakon)」というギリシア語やそれに結びついたさまざまな語に関して直面した困難である。そしてこの点においてデリダ注釈者たちは、この論文がデリダの分析手法について多くのことを明らかにしていると見なしている。その手法とは、「間テクスト（intertextual)」的戦略としてさまざまに説明されてきたものである。デリダはこのパルマコンというギリシア語やその変化形をプラトンの他の著作にまでわたって追跡している。そのさまざまな変化形のひとつが「パルマケウス（pharmakeus)」であり、これは魔術師やスケープゴートに関わる語である。アテネの人々は、はぐれ者を自分たちの内輪に囲っておき、災害などが生じたときの生け贄にしていたという。このようなはぐれ者のなかには違

昔の薬局の看板。アンドレア・パッラーディオによるバシリカ近くのエルベ広場（イタリア・ヴィチェンツァ）

法な魔術師もいた。

しかし外部の代理表象は、それでもやはり、共同体によって構成され、規則的に配置されたものであり、こう言ってよければ、共同体の胎内において選ばれ、共同体によって維持され養われたものである。当然のことながら、寄生者たちは、それを自分自身の費用で住まわせる生きた有機体によって飼いならされていた。(Derrida, 1981, p. 133〔邦訳書、一二〇頁〕)

デリダによる転覆の多くがそうであるように、ここにおいても核や中心など安全とされた避難所が同時にまた動揺や腐敗の源泉でもあるということが起こっている。聖域は、まさに聖域から排除しようとするものをかくまっているのであり、しかもこのことが自らの目的となっているのである。ここでは家庭生活やとりわけ市民生活、また社会条件一般が想定されている。さらにデリダによれば、パルマコンには色という意味もある(ibid., p. 140〔前掲書、二二四頁〕)。またパルマコンは埋葬の前に人前に見せることができるように遺体に施される死化粧も意味する(ibid., p. 142〔前掲書、二二七頁〕)。別の著作でプラトンは絵画を複製の派生態のひとつとして説明している。絵画はそれが表現するもともとの対象からいくらか離れたものである。しかしこのもともとの対象のほうも、それはそれでイデアの領域に住まい、知性によってとらえられるイデア的なものの力が弱まった模倣品に過ぎないとされる。

このように「プラトンのパルマケイアー」においてデリダの戦略が間テクスト的な連関や痕跡に関する以上のようなあらゆる事例を用いながら立証しているのは、エクリチュールが実際には一種の毒として過小評価されているということであり、しかしながらこのことが非常に曖昧な状況にあるということである。デリダの議論の転回点は、『パイドロス』のなかでソクラテスや彼の弟子が語の正しい使用法は語が「それを学ぶ人の魂の中に知識とともに書き込まれる」ことであるということに同意する場面にある。魂に書き込まれた語は「ものを知っている人が語る、生命をもち、魂をもった言葉」であり、「書かれた語は、これの影である。」（Plato, 2002, p. 70, l. 276a〔邦訳書、一六七頁〕）こうしてみると、一般通念によればパロールという行為は人間存在の精神や魂に最も近いものとされるのだが、この際、この内在的な存在にはすでに（魂に関する）エクリチュールの概念がしみ込んでいる。デリダの考察によれば、プラトンはパロールの何が特別・真正であるのかを説明するために、魂のうちに書き込まれた語というメタファー（隠喩）に頼らざるを得ない。すなわち、ある対置において特権化されるもの、優れたもの（この場合にはパロール）を記述するために、劣ったほうのもの（エクリチュール）に頼ることがいつも必要になるかのようである。

設計スタジオの棚に置かれた薬学器具

したがって魂へのエクリチュールはある種の原（proto）-エクリチュールであり、エクリチュールよりももっと基礎的で根源的な書かれた存在である。しかしそれにもかかわらずそれはやはりエクリチュールなのである。「魂へのエクリチュール」がメタファーであることはデリダも認めている。それゆえデリダにとって重要なのは、メタファーが言語にとってたんなる飾り物に過ぎないわけではないということを示すことである。この主張は当然のことながらさらなる脱線を呼び起こす。「隠喩性は汚染の論理にして論理の汚染である。」（Derrida, 1981, p. 149〔邦訳書、二四〇頁〕）。メタファーから逃れることなどできない。論文「白い神話——哲学の文脈におけるメタファー」においてデリダが指摘するのは、あらゆるメタファーが依拠すると思われている、純粋なありのままの概念という考え方に、メタファーが異議を唱えるということである。メタファーは「それが脅かす当のものにとっても必要なのである」（Derrida, 1974, p. 73〔邦訳書、一七〇頁〕）メタファーはありのままのものを汚染する。「良きエクリチュール／悪しきエクリチュール」「良きものとしてのパロール／悪しきものとしてのエクリチュール」といったような、悪しきものによる良きものの汚染を避けることはできない。デリダによれば「良きエクリチュールは悪しきエクリチュールという隠喩においてしか指し示されえない。」（Derrida, 1981, p. 149〔邦訳書、二四〇頁〕）。ここでも再びデリダは非常に鮮やかな間テクスト的戦略を披露して、言語、エクリチュール、メタファー、汚染、善（良きもの）といったテーマをつなぎ合わせていく。ただしこの戦略の鮮やかさが、デリダ初心者にとってはしばしばフラストレーションとなることも確かに認めざるを得ないのだが。

●原-エクリチュール

『グラマトロジーについて』でデリダは、いささかぎこちないメタファーを用いながら、原-エクリチュールの特徴についてさらに説明を加えている（Derrida, 1976, p. 57［邦訳書、一一五頁］）。言語学者が言語の働き方を記述する方法は、エクリチュールを介したコミュニケーションの方法に否応なしに頼らざるを得ない。言語におけるコミュニケーションは、口に出されたものであれ、身振りで示されたものであれ、描かれたものであれ、書かれたものであれ、記号としての性質を有している。記号とは第一に、ソシュールが説明したように、差異によって機能する。第二に、記号は繰り返し使用可能である。それらは再生産することが可能なのである。図面も書かれた語も複製することが可能である。第三に、記号列は伝搬していくものである。記号列は異なる環境においてさえも同一のものとして受け取られ得る。したがって記号列をある状況から別の状況へ移すことが可能である。第四に、記号列はもともとの制作者が不在の場合にも機能する。記号列を第三者が引用する際に、その制作者も同席させたりその制作者の状況や意図を知っておいたりする必要はない。記号列は意図せずに口に出されたり覚えていたりあるいは示されたりする場合でさえ、意味機能を発揮することができる。

デリダによれば、差異、再生産、反復使用、伝搬、著者から独立した働きといった、書かれたテクストによるコミュニケーションの方法は、あらゆるコミュニケーションのモデルと見なすことができる。言い換えれば、コミュニケーションのこれらの特性はたいていエクリチュールと結びついた特性なのである。書かれたテクストは複製されたり繰り返し用いられたりしてある人から別の人へ配布・伝搬されるが、その際にそれらが意味機能を働かせるためにもともとの制作者は必要ではない。

デリダはまた、まさにこれと同じプロセスが、書かれたのではない発話に関しても、エクリチュールの場合と同じように主張されると説いた。口に出されたパロールは、もともとの発言者とは別の誰かが繰り返すことができる。話された演説が大衆に普及することがあり得る。パロールは「口頭で」広まっていくのである。その際にもともとの発言者が立ち会っている必要はない。発言を運び伝える人は、第三者に話された語を受け取ってもらってその意味を理解してもらうために、自分がその発言を理解している必要はない。中身を理解していない詩を暗唱することも普通であるが、そのときでも詩の意味作用の力は全く失われない。聖歌隊は語の意味するものを知ることなくラテン語の歌を歌うことができる。俳優や演説家がその意図を深く考えることもなく、記号列を丸暗記して復唱することも珍しくない。反復や伝搬、不在といった記号の特徴はエクリチュールに属するものと普通は考えられているが、それらはパロールにも同じように当てはまる。

慣習的な見方では、話されたことや話そうと望まれたことが書き記されると考えられている。ここにはエクリチュールが話された語にとっての単なる不完全な伝達手段に過ぎないということが含意されている。そこでデリダはこのような対置を逆転させるために、パロールを記述する方法が結局はエクリチュールを記述する方法に依存していると主張する。確かに幼児は話せるようになってから書くことを覚えるし、パロールによるコミュニケーションがエクリチュールなしに成立している文化も存在する。しかしデリダによれば、発生の順序と重要度の点からすれば、パロールやエクリチュールに先行するものが存在するのであり、この先行的な存在がエクリチュールを取り巻くあらゆるものを支えているのである。この存在こそ、原-エクリチュール（proto-writing）である。言語の外側にあるこのような原-エクリチュールの証拠を求めるのは的外れである。デリダによれば、このような存在の経験的な探求に取りかかる必要はなく、どんな場合にもエクリチュールが現前していることを示す彼の間テクスト的な分析を介して、テクストを精査することで十分である。特にプラトンの『パイドロス』やルソーの『告白』におけるように、エクリチュールの重要性が過小評価されているテクストの場合にはなおさらそうである。

このようにしてデリダの議論は、パロールという特権化された項とエクリチュールという格下げされた補足的な項を区別することから始まる。彼が示すのは、まさにこのような差異や序列を明言するテクストにおいてこそ、形勢が逆転し得るということである。本当はパロールのほうが、エクリチュールとして理解されているものに依存しているのである。中心は周縁に依存する。意味やシニフィエはシニフィアンの循環に依存する。したがってパロール／エクリチュールという区別はちょっと変わったもの、言語のさまざまな気まぐれの一例に過ぎないのではない。この区別は、意味へのアクセスを主張することの核心にまで及んでおり、形而上学を侵犯しているのである。

●建築にとっての意義

言語についての以上の考察は、建築に対するある種の態度に共鳴してインスピレーションを与える。その態度とは、建築をテクストとして、つまりエクリチュールとして見なすものである。デリダがproto(原)-エクリチュールに対して用いるもうひとつの語はarche-エクリチュールである。proto-とarche-という二つの接頭語は、語の語幹（これらの接頭語のあとに続く部分）が基づく「最初の」「根源的な」「基本的な」「根本的な」「原型的な（prototypical/archetypical）」条件を意味している。この接頭語は、対置において脱-特権化され格下げされた項に付けられて、まるで対置されたもう一方の項に対してその地位を引き上げるかのように用いられる。そしてそれほど想像力を用いなくとも、「architecture（建築）」という語の言葉遊びが、arche-tecture、arche-texture、arch(e)tectureといったようにいろいろと思いつくことができるだろう。「architect（建築家）」という語は、棟梁を意味するギリシア語「アルキテクトニコス（architektonikos）」から派生したものである。テクトン(tekton)というギリシア語は大工を意味するが、同時にまた「技術」としての「テクネー（tekhne）」というギリシア語にも関係している。「technical」「tectonic」「text」「texture」といった語は同じ語源を共有している。少なくとも語源学によれば、建築という語の最も重点的な語義はテクトニクス、すなわち、具体物の形成である。ここには理念、調和、知性、叡智、意味といった人間精神を超越する媒体に関するものは一切含まれていない。建築家は職人にほかならない。

重要な著作『国家』においてプラトンは事実上、イデア界へ到達することのできる叡智の愛好者である哲学者をただの大工であるテクトンに対置している。職人（テクトン）はイデアの複製を作るという点で従属的な立場におかれている（Plato, 1941, pp. 331-332［邦訳書あり］）。しかし「architecture」という語を「arche-tecture」やその変異形に再構成することによって、パロールに対するエクリチュールの地位を逆転させたり原-エクリチュールを定義したりするときと似たような改定を試みることができる。いずれにせよデリダが同意するのは、哲学をイデアや理念に関わるものから、エクリチュールにおける語を書き記すという方法や実践の擁護へ格下げすることであるように思われる。同じことを哲学から建築という実践分野へ移してみよう。言い換えれば、構造主義やポスト構造主義から建築のために導き出される重要な結論のひとつは、建築の具体性を建築のイデオロギーに対して復権させることであり、少なくとも両者を闘わせることである。そして建築を議論・理論化する際に考慮すべきは、その大地性、手ざわり、垂直性、具体性、社会や都市の文脈における日常性である。これらは建築の薬であり、毒であり、色であり、寄生物である。建築にとってのもうひとつの意義は、構造主義／ポスト構造主義が建築的言説の何を置き換えようとしているか、あるいは少なくともどのようにしてある種の考え方を問題含みのものや副次的なものとしているかを考えることで見えてくる。それらの考え方とは、正統な概念、オリジナルな意味、作者の意図、崇高な意味、深い意味、基礎、本物、本質、建築の超越性、時代精神を表現する媒体としての建築、設計者の意図の表現としての建築、設計者のアイデアを表象するものとしての図面や模型、場所の持つ精神、起源、天才という概念、客観性、主観性、実践の基礎としての理論などである。次章で検討するのは、デリダの思考が一九八〇年代から一九九〇年代にかけて建築家たちによってどのように受け取られていたかということである。

第4章　デリダと建築　*Derrida on Architecture*

本章ではデリダと建築家たちの出会い、とりわけピーター・アイゼンマンとの出会いと『コーラ・ル・ワークス（Chora L Works）』として知られるプロジェクトを取り上げる。このプロジェクトはパリのはずれにあるラ・ヴィレット公園内に計画されるも実施されなかったものである（Wigley, 1987 ; Papadakis et al., 1989 ; Derrida and Hanel, 1990 ; Eisenman, 1990 ; Kipnis, 1991; Soltan, 1991 ; Patin 1993 ; Kipnis and Leeser, 1997 ; Benjamin, 2000）。デリダと建築家たちの交流が本格化したのは一九八四年になってからである。まずはこのような交流のきっかけとなったものを見ていくのがよいだろう。

デリダの名を世に知らしめた最初の著作『グラマトロジーについて』は一九六七年にフランスで刊行された後、一九七四年に英語翻訳版が出版された。しかしながらデリダの論文集の英語版は一九六〇年代には入手可能であった。デリダのラディカルな知性主義は、一九六八年の学生抗議暴動が予告した時代の空気にうまくはまっていたように思われる。暴動の参加者の中にはデリダを信仰する者もいた。デリダの哲学はすでに一九六六年にはアメリカの知的風土に大きな衝撃を与えていた。この年にデリダは、ボルチモアのジョン・ホプキンス大学で「批判主義と人間の科学」と題された画期的なシンポジウムに参加している（Lamont, 1987, p. 609）。シンポジウムには、ロラン・バルトやクロード・レヴィ=ストロース、ジャック・ラカン、ポール・ド・マンを含む他の多くのフランス人哲学者・理論家もアメリカの彼らの支持者とともに出席していた。伝記作家デイヴィッド・ミキックスによれば（Mikics, 2010, p. 94）、デリダはこの会議で「彼の最も魅力的なパフォーマンスのうちのひとつ」を披露した。会議の重要な参加者の一人であるレヴィ=ストロースのライフ・ワークに的確に言及しながら、構造主義の終焉について慎重かつ鋭い議論を行い、参加者たちを圧倒したのである。

社会学者ミシェル・ラモンによれば（Lamont, 1987, p. 595）、デリダの仕事の普及は一九七〇年初頭に頂点に達した。しかしながら見てのとおり、その仕事が建築の思考に衝撃を与えたのは一九八〇年代も半ばになってのことである。建築理論家たちによるデリダや脱構築への関心は遅れていた。デリダのアイデアが哲学・文学研究に普及して議論されていた一九七〇年代後半、建築は別のテーマに取り組んでいた。なかでも主流だったのは一種の科学的合理主義・経験主義であり、デザイン手法・システム理論・サイバネティクス、さらにはコンピュータを活用したデザインの萌芽的研究を通じてさまざまに変容されながら取り入れられていた。その先導者たちにはリチャード・バックミンスター・フラーやジェフリー・ブロードベントなどがいる。歴史もまた理論的な動力として重視されていたが、それはとりわけ歴史主義への傾向を伴っていた。歴史主義は、世界中の出来事のうちに目的や進歩を暗に認めるロマン主義の遺産である。歴史主義にとって建築とは、それが建てられた時代や人々の精神を純化させたものである。最たる例として挙げられるのがジークフリード・ギーディオン（1888-1968）の議論であり、その後はこれを受け継ぐか反対するかとなった。三つ目の勢力は現象学である。この学派の言説としてはマルティン・ハイデガーが参照され、ケネス・フランプトンやクリスチャン・ノルベルグ＝シュルツが建築の分野で援用した。四つ目のテーマは前章で検討した構造主義である。構造主義に関する建築分野の重要な総括的テクストは一九六九年に『建築における意味』というタイトルで刊行された（Jencks and Baird, 1969）。建築スタイルについて主張したり批評したりする者たちが一般的に参照し、ポストモダニズムも依拠していたのが構造主義の言語であり、とりわけその記号の概念や記号としての建物という考え方の展開であった。ロバート・ヴェンチューリとデニス・スコット・ブラウンによる『ラスベガス』（Venturi et al., 1993［邦訳書あり］）はこのテーマに関連した最も広く読まれている書物のひとつである。哲学・政治学・文学理論にも全般的にいえることだが、他方で構造主義は新マルクス主義者たちや批評理論・フランクフルト学派の論者・後継者たちによっても推し進められた。建築における代表人物としてはマンフレッド・タフーリといった理論家などがいる（Tafuri, 1966［邦訳書あり］）。

ベルナール・チュミは、デリダを建築家に紹介した人物として最も一般的に思い浮かべられる建築家・教育者・理論家である。チュミ自身の論文や抜粋を編集した『建築と断絶』が刊行されたのは一九九六年であるが、収録された論文には一九七五年にさかのぼるものもある。チュミの言語は、構造主義的あるいはポスト構造主義的であり、対置、曖昧性、崩壊、断絶、撹乱といった概念を援用していた。これらの仕事のなかでチュミはジャック・ラカンやジョルジュ・バタイユ、マルティン・ハイデガーを引用しているが、ジャック・デリダへの言及は一切ない。学術論文オンライン・アーカイヴのJSTORを用いれば、学術分野における流行をうかがい知ることが簡単にできるが、一九八〇年以前にデリダに言及している建築系論文の数は非常に少ない。

異なる学問分野のあいだで考えがゆっくりと普及していくことを考えれば、このような出遅れは決して珍しいことではない。とりわけオンライン文献資料や電子ジャーナル、インターネットが発達する以前ならばなおさらである。ある考え方が何らかの学問分野に、とりわけ建築の分野に普及するのを促進するために必要なものとは何だろうか? 建築理論の分野においては、どんな内容のものであれスタートが遅いのが常である。その部分的な理由としては、建築が結びつくべき問題が建設、職能実践、デザイン、経済といったように非常に幅広いことが考えられるかもしれない。またある理論が建築分野で普及するには、二次元資料やデザイン、建物を通じて、さらには著名な建築家や教育者に代表されるような高い地位にある諸個人からの支持によって、是認される必要があることも事実である。ある考え方が建築分野に普及する条件となる多くの要因のなかでも特に重要なのは、表面上のつながりという点である。つまりは言語や言葉遣いの問題である。建築理論家のマーク・ウィグリーが確信をもって主張するところによれば、デリダは構造、トポロジー、住居侵入者などに言及しており、その著述はつねに建築に「憑りつかれて」いたという（Wigley, 1995）。デリダは『グラマトロジーについて』のなかでフォルマリズムや「空間化（spacing）」にも言及している（Derrida, 1976, pp. 200–201［邦訳書、一一七頁］）。ただしいずれにせよ、これらの語は文学研究の分野でも流布してはいる。クレイグ・オーウェンスと共同で一九七九年に雑誌『オクトーバー』に発表した論文のなかで、デリダはカントを経由して、建築についてわずかに言及している。しかしながらデリダの著述における建築は、彼が建築家たちと協働し始めるまで萌芽的なものに過ぎなかった。「コーラ」（通常「空間 space」と訳されるギリシア語）と題されたデリダの論文は、アイゼンマンとの出会いよりいくらか前から書き始められたものであるが、コーラはデリダとアイゼンマンの相互関係における主題のひとつとなった。

何人かの評論家によれば、一九八〇年代に注目を浴びた建築はデリダなしでもおそらく同じように発展し続けたであろうし、当時の多くの建築にとってデリダの著作は、建築アヴァンギャルドの仕事の説明・正当化・位置づけのための一手段として役立ったのであって、その仕事を刺激したり活気づけたりしたわけではないという。『脱構築――学生のための手引き』という書物は、グラフィックを用いて脱構築の成功を紹介したものであるが、ジェフリー・ブロードベントによるテクストは敬意を表しながらデコンストラクション建築を適切に位置づけているように思われる。ブロードベントが読者に警告しているのは、脱構築の視野が限定的なものであるということである。ブロードベントは、建築にデリダは必要か否かという問いを提起しているが、その際に彼が念頭に置いているのは、ヴェンチューリなどのアヴァンギャルド建築家たちが、デリダの哲学に言及することなく、すでにデコンストラクション運動や理論戦略のさまざまな試みを行っているという事実である。

というのも全く別々に――あるいはそのように思われるのだが――、ヴェンチューリとデリダは同じような方向性で思考していたのである。つまり「どちらも(Both-And)」あるいは「決定不可能なもの」「透明性」、そして望まれないものといったテーマである。ヴェンチューリのアプローチは見た目にも実際にも混沌としたものである一方、デリダの「脱構築」は少なくとも一貫したものである。(Broadbent and Glusberg, 1991, p. 64)

キャサリン・コークは、一般的にデコンストラクションとして特徴づけられている建築スタイルをロシア・フォルマリズムと結びつけている(Cooke, 1989)。いずれにせよすでに言及したように、興味深い建築理論家(ヴェンチューリなど)が他にもいて、建築の慣習に挑むために記号や芸術、文化の言語を利用していたのである。

フランク・ゲーリーによる住宅（アメリカ・カリフォルニア州サンタ・モニカ　©Richard Willams）

フランク・ゲーリーによるダンシング・ハウス（チェコ・プラハ）

デリダの思考が建築にゆっくりと浸透した理由としては、哲学に精通していない者やデリダが取り上げる人物に馴染みのない者にとって、デリダの仕事を理解するのが難しかったことも挙げられる。こうして、デリダの思考を初学者にわかりやすく説明したいくつかのテクストが、建築分野におけるデリダの思考の普及の鍵となった。なかでも重要なのは、コーネル大学英文学科教授ジョナサン・カラーが一九八二年に発表した著作『ディコンストラクションについて――構造主義の後の理論と批評』である。初版ではあまり建築的テーマに言及されていないが、カラーは痕跡や接木といったテーマに加えて、現前(presence)という空間に関するデリダの魅力的な問題設定について明快に説明している。これらのテーマは後にアイゼンマンによって注目されることになる。アイゼンマンは一九八四年の論文「古典的なものの終焉――始まりの終わり、終わりの終わり」において、カラーを経由しつつデリダを参照している。はっきりといえるのは、アイゼンマンのこの論文がデリダの著作に言及した建築理論家による最初の注目すべき著述だということである。

アイゼンマンは、建築言語に関するアイデアを展開した一連の論文や著作、建物によって、すでに有名となっていた。彼のアプローチは構造主義に依拠したものであり、文法や構文論、意味といったテーマを取り上げている。当時（一九八四年）完成したばかりのオハイオ州立大学・ウェクスナー芸術センターでは、複数のグリッド・システムが衝突し合っており、歴史や周囲の文脈への参照が断片的にちりばめられている。この建物は建築におけるポストモダンの最初の事例として迎えられた。さ

ベルリン・ユダヤ博物館（ダニエル・リベスキンド設計、ドイツ・ベルリン）

ヨーロッパ・ユダヤ人犠牲者のためのモニュメント（ピーター・アイゼンマン設計、ドイツ・ベルリン）

らにアイゼンマンのデザインで高く評価されたものとしては、一九七八年のイタリア・カナレッジョの都市広場や、彼自身が「ロミオとジュリエット」と呼んだヴェネツィア・ヴィエンナーレのためのプロジェクトなどがある。

ベルナール・チュミについてはすでに言及したが、アイゼンマンが古典主義の終焉についての論文を書き終えたのとほぼ同じ時期に、チュミは自身のラ・ヴィレット公園のための一大プロジェクトの実施に立ち会っていた。公園はパリのはずれにある食肉処理場の跡地に造られた。そのデザインは長い河川を取り込みつつ、形式的なグリッド・パターンが重ね合わされたものである。各グリッド線の交差点には、赤く塗られた巨大な鉄骨フレーム・ストラクチャーが目印として置かれていた。チュミはこのストラクチャーの形態を「フォリー」として引用したのである。

ラ・ヴィレット公園（ベルナール・チュミ設計）

ラ・ヴィレット公園のフォリーのパノラマ

チュミはスイスのＥＴＨ（連邦工科大学）で建築を学んだ。一九七〇年代になると彼の仕事場はパリ、ロンドン・ニューヨークへと広がっていった。一九七〇年代、チュミは雑誌『テル・ケル』周辺に集まっていたフランスのアヴァンギャルドたちの著作をよく読んでいたが、この雑誌はデリダの主要な発表媒体のひとつでもあった。ロラン・バルトはチュミがよく参照する人物の一人であるが、チュミはデリダの著作にも慣れ親しんでいた。ただし、チュミの一九八一年の作品集『マンハッタン・トランスクリプト』では、デリダが言及されることはなかった（Kipnis, 1991, p. 60）。チュミが説明するように、彼のラ・ヴィレット公園計画は、パリの広大なエリアを復興させるための国際建築コンペティションの当選案である。この公園についてのチュミの見解は、芸術家や作家も設計者と同じように一緒に文化的交流に参加させるというものであった。

ラ・ヴィレット公園のフォリー

さまざまな学問分野を取りまとめて交差を作り上げることがこの公園のキー・コンセプトでした。それは一九七〇年代半ばのAAスクールやプリンストン大学での教師としての私の初期の活動のときと同じやり方です。私はカフカ、カルヴィーノ、ヘーゲル、ポー、ジョイス、その他の作家たちのテクストを、建築設計のプログラムとして学生たちに与えようとしたのです。

(Tschumi, 1997, p. 125)

チュミの提案は、学際的なチームが公園内の個々の庭をデザインし、その上に全体構造としてチュミによるポイント・グリッドのデザインを覆いかぶせるというものであった。彼が参加を要請した者のなかには哲学者・作家のジャン＝フランソワ・リオタールもいた。リオタールはポストモダニズムを先導的に定義した人物の一人である（Lyotard, 1986［邦訳書あり］）。リオタールの最終的な決定は不参加というものだった。すべての協働プロジェクトを完成にこぎつけたわけではなかったのである。チュミがデリダに誘いの声をかけたときにも、いくぶんかの説得を要した。チュミによれば、「当時の大きな疑いの矛先は、歴史主義的なリヴァイヴァルが流行のヘゲモニーとなっている状況に対して向けられていたのです。そしてこのような疑いを通じて、ポスト構造主義的思想家たちが建築家たちの会話に寄与すると考えられるようになり、そのうちの一人がジャック・デリダだったというわけなのです」（Tschumi, 1997, p. 125）。どうやらその会合の場でデリダはチュミに対して、建築家が自分の仕事に興味を持つようになった理由を尋ねたようだ。というのも「脱構築は反‐形態であり、反‐ヒエラルキーであり、反‐構造である」からであり、「何から何まで建築が拠って立つものに対置されるもの」だからである（ibid., p. 125）。「まさにそれが理由です」とチュミは答えた。そのようなわけでチュミが望んだのは、幅広い学問分野を横断しながら、建築に対するフォルマリスト的なアプローチを模索していたピーター・アイゼンマンと、「反‐形態の提唱者」であるデリダを協働させることであった。こうして二人の建築家と哲学者は、ラ・ヴィレット公園のテーマ別セクションのひとつをデザインするチームを組むことになった。哲学者が理論建築家と出会い、その後十年にもわたって建築の思考に影響を与えることになる強力な融合が生まれたのである。

こうしてデリダの思考は一九八四年の出会いに至って、ようやく建築へ普及することになった[1]。そのアイデアが建築の言説内で議論されていくなかで重要なのは、いくつかの大型本の制作である。これらの本は一九八〇年代後半から一九九〇年代初頭にかけて制作された。デリダのアイデアがいったん定着すると、建築に対するデリダの意義を理解したり、この意義を批判したりする多くの学識が提出された。さらに重要なことには、デリダの影響を受けて作品を作ったと称するデザインや建築家を批判する試みも見られた。建築の分野において脱構築は擁護されると同時に批判されながら、自らを再生産してきたのである。

このようにデリダの思考が普及する軸となったのは、一九八五年にまでさかのぼる一連のメモ、書簡、図面、論文であった。これらは、『コーラ・ル・ワークス——ジャック・デリダとピーター・アイゼンマン』(Kipnis and Leeser, 1997) と題された一冊の本として刊行されている。このタイトルの前半部はコーラ (chora) というテーマに関するデリダのプラトン解釈をもじったものであるが、コーラは空間として理解されると同時に、物質的なものと非物質的なもののあいだにある第三の空間のようなものとしても理解される（詳細は次章で説明する)。この本に続いて一九八八年には、ニューヨークのMoMAでアイゼンマンやチュミ、ザハ・ハディドの活動を取り上げた展覧会が開かれた

(Richards, 2008, p. 64)。この展覧会をきっかけに『脱構築――オムニバス本』という本が刊行された。さらにその後、もうひとつの大型本『脱構築――学生のための手引き』が一九九一年に続いた。

『コーラ・ル・ワークス』は、デリダの思考を建築家たちへ紹介する重要なテクストをまとめたものである。本の体裁も特徴的である。二一二頁、二二センチ×二二センチの正方形フォーマットで、表紙から一一二頁までは七つの正方形が切り抜かれている。裏表紙から一二五頁まではさらに十の切り抜きがある。これらの切り抜きはちょうど一センチ四方の正方形になっており、ラ・ヴィレット公園の担当区画の最終デザインの重ね合わせの二つのグリッド・パターンに沿っている。そしてこの最終デザインのプランのほうは表紙や途中の頁に描かれている。ミシン目はテクストに割り込んでいる。あるグリッドは斜めに進み、あるグリッドは本の縁に沿っている。本の半分以上は、改行や節の区切りもなしにテクストが余白ぎりぎりまで占められている。このテクストはサンセリフ体でびっしりと埋められており、まるで頁をまたぐ灰色のテクスチャーのように扱われている。この本やそのデザイン、何の注釈もないラ・ヴィレット公園の担当区画のデザイン、そしてそのテクストは、この未完のプロジェクトの具体的な成果なのである。

文学書や学術書、芸術書で実験的な形式やかたちがとられるのは珍しいことではない。一九七四年に初版が刊行されたデリダの『弔鐘』という本は、上下段に異なるフォントのテクストが織り交ぜられるようにして書かれている。ここでこうした慣習に従った書体や印刷の体裁をとって現れているのは、読者とのある共犯関係を明らかにしようとする姿勢である。それはテクストから意味を展開させるときの共犯関係であり、ある意味では読者という役割にも一助となるようなものである。つまり、ブリコラージュを行う者としての著者と読者の共犯関係である。『コーラ・ル・ワークス』の場合には、切り抜かれた部分がテクストに割り込んでおり、読者はその前後の語といった直近の文脈に注意しながら欠けた語を推測しなければならない。これを突き詰めていければ、あらゆる読書の特性を明らかにすることにつながるだろう。さらにこの書物の形式は、地下を掘り返してさまざまな受容器を創るという提案が反映されたものでもある。この受容器は、ラ・ヴィレット公園のデザインにおける主要な形態要素となっている。

図面には、提示されたプロジェクトのスケールや文脈がわかるようなものがほとんどない。最も目を引く配置図はパリよりもむしろヴェネツィアを思わせる。さらにテクストの説明文も、重ね合わせたりコンセプトに沿ってさまざまに変形したりすることで、スケール感を無視している。プロジェクトで最初に注目されていたのは、大きな円形路を特徴とするラ・ヴィレット公園の中央のセクションだったようである。

テクストを読みにくくすることで、この本やその建築プロジェクトは、テクストによって進められる批判応酬の込み入ったやりとりよりも、図版やプロジェクトそのもののほうを前面に押し出している。いくつかの論文は他の刊行物から再録されているため、障害なく読むこともできる。例えばジェフリー・キプニスの論文は雑誌『アッセンブラージュ（Assemblage）』にも収められている。また『コーラ・ル・ワークス』の体裁は、テクストに見出される不協和をわかりにくくする意図があるように思われる。この書物の編集者でありアイゼンマンの協働者でもあるキプニスが的確に指摘しているが、アイゼンマンとデリダはこの建築プロジェクトのなかで意見が食い違っているように見える。つまり、それは親密な友情と偽った、「防衛、二重性、軋轢」によって特徴づけられる関係なのだ（Kipnis, 1991, p. 33［邦訳書、一一九頁］）。『脱構築――オムニバス版』はこの十年間を支配したトピックに乗じつつ、同様にチャールズ・ジェンクスやそのほかの論者からの警告的な批判を含んでいる。

そしてここにこそ脱構築の本当の矛盾がある。その多元主義の主張、差延、「全体性に対する争い」、「他者性」の擁護にもかかわらず、この神秘的な仕事はしばしば一元論的、エリート主義的、不寛容であり、「同一性」をもたらしている。おそらく建築においてはこれがあまりにも長い間ヴォイドなるものにばかり注意を向けていたことの結果なのだろう。すなわち、その結果として、自己を否定する私的で宗教的な言語に行き着いてしまったのである。このような抑圧や矛盾のゆえに、多様性とユーモアを備えた本当の脱構築主義的な建築というものはいまだ存在していない。（Jencks, 1989, p. 131）

建築における脱構築を考える堂々巡りは、このような批判にもかかわらず、あるいはおそらくこのような批判のゆえに続いていたのである。

●『コーラ・ル・ワークス』

キプニス、アイゼンマン、デリダによるこの合作本に収録されたさまざまな記録や論文を注意深く読むことによって、デリダと建築の出会いが明らかになるだろう。『コーラ・ル・ワークス』は、一九八五年九月一七日にニューヨークで開かれたデリダやアイゼンマン、その他の人々による最初の編集会議の議事録から始まる。この議事録には、編集者ジェフリー・キプニスによってかなりの量の注釈が付けられている。そこでデリダは、プラトンが『ティマイオス』のなかで説明しているコーラ(chora)という概念に興味があると述べている。デリダの解釈によれば、コーラは、(i)遠く離れているが確固とした不可視のイデア界と、(ii)われわれが今ここにおいて生きている感性界のあいだの第三の空間である。イデア界は永遠不変の形態や理念が住まうところであり、感性界はイデアの多くの不完全な複製物のみが含まれる人間経験の不完全な世界である。コーラは第三の存在、矛盾をはらんだ受け入れる存在として他の二つに先行しており、それらに還元することができない。

それは完全な白紙であるため、そこに書き込まれた一切のものは必然的に消去される。それは自身が受け取る刻印にとって異質なものであり続ける。……そこに刻み込まれた一切のものはすぐさま自分自身を消し去るのだが、にもかかわらずそこにとどまり続けるのである。このようにそれは不可能な表面である—それはむしろ表面ですらない、というのもそれは深さを持たないからである。(Kipnis and Leser, 1997, p. 10)

コーラなる概念が会議で説明されたとき、アイゼンマンはこのコーラという問題系を大まかなプログラムとして考え得るものと見なして、次のように尋ねた。「では、このプログラムを具体化することに物理的に取り組んでみるのはどうだろうか?」と。デリダは反論した。「それは人間中心主義の極みではないだろうか」(ibid., p. 10)。デリダは、そのような取り組みが人間による支配のうちに理性を基礎づける試みであり、形而上学の一変種であり、確からしさへの信仰という点で何も改心していないものと見なしたのである。アイゼンマンがここで考えていたのは「コーラの不在、[……]コーラの不在の現前」を構築する可能性であった(ibid., p. 10)。アイゼンマンのそれ以前のプロジェクトを含めたさらなる議論の後、彼らはお互いの他の仕事にもっと目を通してから再び話し合うことに決めた。

デリダの論文「コーラ」の英語翻訳は『コーラ・ル・ワークス』の第二章に収録されている。この英語翻訳は(物理的に)切り抜かれた意味ありげな体裁がとられていて読みにくくなってはいるが、おそらく活字化された唯一の英語翻訳である。デリダはアイゼンマンと出会う前からすでにこの論文に着手しており、アイゼンマンとの協働を通じて完成させた。この論文のなかでデリダが参照しているのは、プラトンの『ティマイオス』という本である。この本のなかでプラトンは、土、空気、火、水の要素の起源という問題について論じている。プラトンによれば、現実には二つの形態がある。一方は知性的で不変のモデルであり、他方は感覚によって捉えることができる、変動的なこのモデルの複製物である（Plato, 1965［邦訳書あり］）。したがって二つの空間、場所、モデル、領域があることになる。すなわち、知性界と感性界である。これがプラトンの思考の根底に存する対置である。しかしながら『ティマイオス』の第18節でプラトンは、この知性界と感性界の両方の起源である第三の場所を導入する。これは「生成の受容者」である（ibid., p. 67［前掲書、七五頁］）。さらに『ティマイオス』のもっと後ろでプラトンは、これを指し示す語としてギリシャ語のコーラ（chora：空間）を用いることを宣言する。プラトンはこの「第三の形態」が複雑かつ不明瞭であると述べる。それは「あらゆる生成の養い親」なのである（この部分については次章で説明する）。

『コーラ・ル・ワークス』の第三部は、一九八五年一一月八日にパリで開かれた二回目の打ち合わせの議事録である。結集されたチームは、プロジェクトの主題であるコーラの概念と格闘していた。「ひとつの可能性は、砂と水を使うことです。つまり、書くための砂と消すための水です。……そこにはさらに転置という意味も加わるでしょう。」（Kipnis and Leeser, 1997, p. 34）。デリダはアイゼンマンが以前に設計した住宅を気に入ったようである。それは、見えはするが決して中には入ることができない屋根がついたものであった。デリダはこの住宅をコーラの優れたアナロジーであると見なしたのである。その後に議論されたのは、フロイトが無意識のメタファーとして用いたマジック・メモ、コーラの逆説的な特質、利用者が後ろ向きで散歩するように仕向けた公園のアイデア、表象という観点で思考することからの脱‐訓練（de-train）、起源という概念の格下げなどであった。さらに彼らはプロジェクトを書物としてまとめる企画についても議論し、実務面では次回の会議に図面を持ってくることで決着した。続く三回目の打ち合わせでアイゼンマンは、敷地を採石場、パリンプセスト、迷宮に分けるというアイデアを提示した。デリダはこの迷宮に関して、その案が出口に対する希望を示唆しており、それはコーラの概念とは実際には合わないと述べた。彼らは、公園利用者が痕跡となるものをある場所から別の場所へ置き移していくようにすることが実際に可能かどうかに関して議論した。その媒体としては粘土やビデオ、フィルムなどが議論されている。デリダはそういった操作を公園来訪者が実際に行うかどうかについて懸念を示した。

議事録がとられた四回目の打ち合わせはニューヨークで開かれた。話し合いはある建築家（記録済みの二回目の打ち合わせにも出席していたアラン・ペリシエ）が、すでに彼らの敷地の中央に何らかのものを設置する依頼を受けていたことへの不満から始まった。ただし打ち合せ前に、ラ・ヴィレット公園の敷地の別の部分を担当するといったことを含む対処がいくつかとられていたようである。そこから話題はコーラの問題やそれをプロジェクトに関連づける課題に移った。プラトンはコーラを女性に分類している。コーラは受容者だからである。一切のものがそこに刻み込まれるが、しかしそれは処女であり続ける。デリダはこの受容者がメタファーに過ぎないと述べている。デリダいわく、「したがってわれわれは悪いメタファーの用法しか持ち合わせていないのです。確かにメタファーという概念そのものは『悪い』ものです。メタファーは全く適切なものではありません。……しかしながらわれわれはメタファーを用いずに済ますことはできないのです。……それはわれわれが建物を作らずに済ますことはできないのと同じことです」(ibid., p. 70)。アイゼンマンもまた、チュミによるラ・ヴィレット公園のデザインと、アイゼンマン自身の未完ではあるが広く知られていたカナレッジョ・プロジェクトの結びつきを示すことを熱望していた。アイゼンマンのプロジェクトも、古い食肉処理場の跡地に計画されたものだったのである。両者のプロジェクトは、ポイント・グリッドの使用という点では同じであるが、アイゼンマンは「最初に設計したのは自分であるという主張」をしたかったわけでは全くない(ibid., p. 72)。採石場というテーマが持ち出され、そこにさまざまなプロジェクトから採掘されたアイデアという意味が込められている。その後に話題は脱線して、アイゼンマンとデリダをチュミが誘った経緯や、両者の著作・デザインの仕事に見られるいくつかの偶然の一致が語られている。それからプロジェクトのタイトルについて議論され、「コーラル・ワークス(合唱曲集:Choral Works)」という案が出ている。「素晴らしい」といってアイゼンマンはこう断言する。「さてわれわれはあらゆるものを手にしている——われわれはあなたを、私を、ストーリーを、そしてタイトルを手にしている」。これに対してデリダは反論している。「まだその作品をつくることが残っていますよ」(ibid., pp. 72-73)。それからこのプロジェクトのための資金についての話題の後にデリダが持ち込んだのが、maintenant というフランス語である。この語は通常「今 (now)」と翻訳されるが、デリダはそれを変化させて「転置を保守 (maintain) しつづけるもの、差異を保守しつづけるもの」という概念として捉えている (ibid., p. 73)。このテーマは後に『コーラ・ル・ワークス』とは別のところで発表される論文で練り上げられることになる (Derrida, 1986)。

五回目の打ち合わせはコネティカット州のニュー・ヘイヴンで開かれた。まずアイゼンマンと彼の協働者トーマス・リーサーが一連のアクソメ図面を用いて敷地のための提案を説明した。そのデザインのかたちやレイヤーは、アイゼンマンの初期のカナレッジョ計画やアイゼンマンのヴェネツィア・ヴィエンナーレ・プロジェクト(「ロミオとジュリエット」)、さらにチュミのラ・ヴィレット公園のデザインを参照していた。しかしながら時間(因果)という位相は反転させられている。「われわれはヴェネツィアのプロジェクトを、ベルナールのプロジェクトに対して未来にあるものとして捉え、ラ・ヴィレット公園のプロジェクトを、ピーターのカナレッジョ計画と同じ瞬間にあるものと捉えているのです」(Kipnis and Leeser, 1997, p. 77)。この時間の位相は、敷地の至るところに見られるソリッドとヴォイドの関係のなかに示されている。リーサーによれば、「地下にあるものやネガティヴな形態の一切のものは、受容者として、すなわち過去と現在のどちらとしても読解される。それはどの程度深く地下に進んでいるのかということに拠る」(ibid., p. 78)。彼らが同意するのは、さらに別の要素が「織物を引き裂く」(ibid., p. 90) ために必要であるということである。それは、突然現れる説明のつかないステンレス鋼のスラブや、おそらく水平ではあるものの映画『二〇〇一年宇宙の旅』に登場するスラブのようなものである。さらに彼らは、デリダがこのような全く異質な要素とその敷地における配置を、次回の会議までに検討することで同意した。

その後、飛行機でパリに戻ったデリダは、自身のプラトン『ティマイオス』読解から引き出されたオブジェクトの図面を描いた。この図面には、グランド・ピアノの輪郭が平面的に大まかに描かれている。ハープのようにも見えるが、弦がグリッドのように張られているので楽器として使用されるものではない。それはまるで一角を地面につけたまま、紙面上では斜めになっているようにも見える。彼の手書きのメモ（後にこの本に収録されることになる）では、リラ（訳者注：古代ギリシアの竪琴）、スクリーン、箕、ふるい、束ねられたロープ、フィルターといったものに言及されている。さらに彼は、このオブジェクトについてケールを変えたり金属や金で作ったりすることにも言及している。

垂直でも水平でもなく太陽のほうへ傾くように設置されたひとつのソリッド・フレーム、それはフレームワーク（機織り）と同時に箕あるいは格子（グリッド）のようにも見えるし、さらに弦楽器（ピアノ、ハープ、リラ）のようにも見える。弦、弦楽器、声帯などなど……望遠鏡、写真感光機、機械、空からの落としもの、撮影された後。……それは多声コーラスのコンサートを、つまり、「コーラル・ワークス」のコーラを指示する記号を作ろうとする（記号作用？）のである。（ibid., p. 185）

デリダが説明する多くの要素はプラトンの『ティマイオス』のなかに登場するか、あるいは示唆されているものである。

五回目の打ち合わせの議事録に続いて『コーラ・ル・ワークス』に掲載されているのは、チュミとアイゼンマンの往復書簡のコピーである。この書簡においてチュミは、ラ・ヴィレット公園のデザインはアイゼンマンのカナレッジョのデザインに由来するという話に対して、異議を唱えている。どうやらこのような話が新聞で報道されたらしい。アイゼンマンはこれに対して自分の話が誤って報道されていると返答し、当該の新聞記事の原稿が確認のために自分に送られてきたときにそれほど注意深く目を通していなかったことを謝罪している。六回目はニューヨークで開かれた。デザインはさらに発展していき、あらかじめ錆びさせたコールテン鋼や大理石（オニキス）からなる壁、堤防、胸壁で構成されたくぼみやヴォイドが取り込まれた。チームが考えていたのは、人々がこの空間に入ることはできないがそれを上から見下ろすことができるというものであった。もしアクセスを設けるとなると、地上の穴をガラスで覆わなければならなくなる。おそらく手すりや堀も必要になる。デリダは人々をその空間の外にひきとどめておくアイデアを好まなかった。なぜなら、それはその場所をひとつのオブジェクトに、すなわち「いっそう悪いことには、ひとつの聖遺物」に変えてしまうことを意味していたからである（ibid., p. 90）。さまざまなアイデアが提案され、そこには構築物全体を水に浸して、一部だけ水面上に浮かび上がらせるといったものも含まれていた。最終的には、地上からのアクセス地点を設けて、そこから「人々が地下へ入ることができるようにし、地下からは一切のものが反転して見えるようになる」という案で落ち着いたようである。すなわち「天井としての地表とそれによって分節されるあらゆるものが反転したもの、地表のソリッドとヴォイドが反転したもの」である（ibid., p. 91）。アイゼンマンはこのアイデアをコーラというデリダのテーマへの応答と考えていた。続いて彼らは、全体構想とプロセスを、グループに新しく加わったフランク・ゲーリーに説明している。ゲーリーからのコメントは、何かあったにせよ、テクストのなかでは報告されていない。意気揚々とした雰囲気が続き、それが哲学者デリダと建築家アイゼンマンとのあいだの関係にも反映されている。プロジェクトがようやくこのレベルの解法に到達したのは、哲学者と建築家が両者の差異を保ちつつ、お互いに向き合うことができるようになったときであった。ここでキプニスはデリダの素朴さに異議を唱えている。例えば、箕かリラかを選択することが、このプロジェクトにとっての、そして形態に対するアイゼンマンのノスタルジーにとって、デリダによる形態の面での寄与を表すシンボルとなると考えている点などである。アイゼンマンはデリダに対して畏敬の念を抱き始めたこと、そして彼自身がこの偉大な哲学者との関わりのなかでは「劣った側の立場」にいることを認めている。これに対してデリダはそのように自己心理を分析することは控えつつも（Mikics, 2010）、同意するような口調で、しかしながら簡潔に応じている。

『コーラ・ル・ワークス』のこのセクションの後には、デリダによるいくぶん単調な回顧が続く。出会いやプロジェクトのネーミングについて回想され、さらにリラ（lyre）とライアー（liar：うそつき）というだじゃれを交えつつリラ―箕というモチーフを持ち出した理由が語られる。このエッセイのタイトル「なぜピーター・アイゼンマンはかくも良い本を書くのか」は、フリードリッヒ・ニーチェが使ったタイトル（「なぜ私はかくも良い本を書くのか」）を改変したものである。デリダは、アイゼンマンの著作物やデザインへの、アイゼンマン自身による参照を相互に結びつけようとする。このような参照は彼らの議論のなかでいくつものだじゃれをとおして生み出されたものであり、このだじゃれにはピーター・アイゼンマンという名前に関するものもあった。彼の名（ピーター）は石に関係するものであり、彼の姓（アイゼンマン）は鉄に関係するものである。この部分ではアイゼンマンの仕事に対してほんのわずかにではあるが侮辱がほのめかされている。

それでもやはり私はあなたに真実を告げよう。それはこの鉄の男についての真実である。彼は人間中心主義的次元との切断を、「万物の尺度である人間」との切断を運命づけられていた。彼はかくも良い本を書くのだ！　私がそれを保証しよう！　これこそあらゆる嘘つきのいうことである。彼らは、自分は真実を告げているという場合でなければ、嘘をついていることにはならないのである。(Kipnis and Leeser, 1997, p. 100)

『コーラ・ル・ワークス』の最後の議事録は、ニューヨークのクーパーユニオン建築大学において、聴衆の前でデリダ、アイゼンマン、キプニスの間で行われた討論である。議事録の大半はデリダに割かれている。デリダは脱構築が哲学とどのように異なるのかということについて、そして建築の神聖な起源、いわば建築の形而上学的基礎について考えることから話を始めている。デリダはあちこちで、脱構築が適用できるにもかかわらず建築が——少なくともデリダの主張では——無視している分野に触れている。

> そして建築において問題となっているのはもちろん形而上学だけではなく、つまり建築の詭弁的な形態への信仰だけではなく、同じようにまた政治、教育制度、経済、文化もそうなのです。ピーターのような建築家と建設を妨げるあらゆる権力とのあいだの交渉、このような交渉こそがまさに建築としての脱構築、あるいはひとつの建築としての脱構築が生じ得る場なのです。
> (ibid., p. 106)

デリダは、彼がすでにさまざまな議論やインタビューの場で述べてきた主張を繰り返す。「コーラは建築であるとか建築の新しい空間であるとかいったように述べることはできないのです」(ibid., p. 109)。アイゼンマンや他の建築家たちの解釈とは逆に、コーラはヴォイドではない。ましてコーラは事物でもない。デリダがこの明らかな誤解に対して唯一譲歩するのは、「おそらく建築は空間を忘却し、コーラを忘却する最も強力な試みである」という点である(ibid., p. 109)。続いて聴衆の前で、アイゼンマンがデリダに対して問いただしたのは、建築の無能性についての、一見すると自嘲的なデリダの主張であった。「われわれがあなたに語りかけることができないのは、われわれが哲学者ではないからだとわれわれはいい、あなたがわれわれに語りかけることができないのはあなたが建築家ではないからだとあなたはいう」(ibid., p. 110)。聴衆のうちの一人がデリダに対して、この共同作業にどのような名前を与えるつもりかと尋ねた。「これは間違いなく共同作業ではありません。ましてやそれは交流ですらありません。あなたならそれを何と呼びますか、ピーター?」アイゼンマンの答えは「癒着」であった。これに対してデリダは「それは二重の寄生的怠惰です」と付け加えている(ibid., p. 111)。

この議事録は『コーラ・ル・ワークス』のちょうど折り返しの部分で終わっており、そこで切り抜きも一旦終わっている。さらに口絵や出版社の前付け、目次、図版出典、そしてベルナール・チュミによる一頁分の序文が意図的に順序を無視して差し込まれている。その後でまた(切り抜かれた)一連の論文が続いている。アイゼンマンによる最初の論文はデリダについて、あるいは少なくとも彼らの協働について、心理学者カール・ユングが概説した神話上のトリックスターの機能を用いつつ慎重に説明しようとしている。そしてここにおいてアイゼンマンは「寄生的怠惰」に「ばらばらのトリック」という言葉を添えて締めくくっている（ibid., p. 136）。

さらにその後に続くのは、この著作の編集者でありアイゼンマンの協働者でもある、ジェフリー・キプニスの論文である。内容は前半に掲載されている論文や議事録の詳細な分析であり、「区分線（separatrix）をねじる」と題されている。「ばらばらのトリック（separate trick）」の語呂合わせにもなっているこの区分線とは、斜線あるいは／（フォワードスラッシュ）で示される分割記号のことである。この分割記号の一般的な使用目的は対置する二つの要素を分離することである。例えば「装飾／構造」「シニフィアン／シニフィエ」「S/s」「生の／調理された」「と同時に／あるいは」といったように用いる。第2章で示したように、この区分線は構造主義やデリダの著述に頻出する。鋭い洞察を展開するこの論文のなかでキプニスは、議事録には載っていないシカゴでの会議におけるアイゼンマンの発言を引用している。

だから、私たちが一緒にやっていたプロジェクト——パリの公園——で、私が最初に彼と異なる意見を述べたとき、彼はゾッとするようなことを私にいった。「植物のない庭なんてあるのかい」、「木々はどこにあるんだい」「人が腰掛けるベンチはどこにあるんだい」。こういったものこそが、哲学者たちの望んでいることなのだ。彼らはベンチが置かれる場所を知りたがっているのだ。（Kipnis, 1991, p. 36［邦訳書、一二〇～一二一頁］）

デリダと出会ったにせよ出会わなかったにせよ、アイゼンマンがやったであろうことに変わりはなかったとキプニスは述べている。あるいは少なくとも以下のようであった。

この庭園が、デリダの参画によってアイゼンマンが明らかに重要な方向転換をしたということの証拠だとはいえない。後でわかるように、彼とデリダは方向転換に同意したのだが、アイゼンマンは方向転換が起こらないようにしたのだ。（ibid., p. 36［前掲書、一二三頁］）

キプニスが議事録を分析して指摘しているのは、デリダのデザイン面における提案のいくつかが、どのような利点を持つものであっても、アイゼンマンによって認められることがほとんどなかったということである。その提案とは、記入されたとたんにすぐ消されるべきもの、シンプルなもの、マスター・ワークでないもの、土・空気・火・水の使用、映像・音声装置の使用、自己循環的・自己完結的ではないものといったことである。無関係の異質な要素（リラ―箕）を差し込むことによって、プロジェクトの自己完結的な側面を転覆しようとするデリダの試みはそれとなく受け入れられたようにも見えた。しかしながらデリダのオブジェクトのドローイングが届いた途端、このオブジェクトは完全に無視されるようになり、あるいは少なくともプロジェクトの一要素として周縁化されていたのだった。

協働作業に対するデリダの不満はさらに、カリフォルニア州アーバインでの会議に向けて録音された「アイゼンマンへの手紙」のなかで噴出した。この会議にはアイゼンマンは出席したものの、デリダは出席することができなかった。デリダはアイゼンマンを反省しない形而上学者と見なしたが、おそらくその意味は、デリダが彼に提示したジレンマと格闘することさえしていないということである。「コーラは、あなたがときどき示唆するようなヴォイドではないし、不在でもなければ不可視のものでもなく、そしてこれこそが私の興味を引く点なのですが、もちろん一方の多くの帰結がそこに由来するもう片方のものでもありません」(Derrida and Hanel, 1990, p. 8)。プロジェクトに対するデリダの苛立ちは明らかである。「もし私が会議に出席していたら、『コーラ・ル・ワークス』の途中で離脱することを口にしていたかもしれません」(ibid., p. 8)。さまざまな申し立てのなかでも取り立ててデリダがアイゼンマンに求めたのは、貧困、公営住宅、ホームレスといった建築に関連する別の問題について考えることであった。

デリダは、ジェフリー・キプニスによるインタビュー記録となっている『コーラ・ル・ワークス』のあとがきでも同じようなことをいっている。

建築の脱構築が言説としての脱構築よりも肯定的で実質的かつ重大であるのは、建築が非常に実質的な抵抗に出くわし、それを乗り越えようと試みなければならないからなのです。この反発は文化、政治、社会、経済、資金、材料、そして建築によるものです。……このようにして建築は、そして同じ理由で法もまた、脱構築の究極的な検証物となるのです。(Kipnis and Leeser, 1997, p. 167)

デリダが数々の議事録を見返して回想するところによれば、彼自身が提起したのは技術的可能性、経済、安全性をめぐる抵抗の問題であった。キプニスはデリダに対して、デリダのアイデアの大部分をアイゼンマンが無視したという見解を示した。そこでデリダは原作者についても語り、脱構築がひとつの建築スタイルとなるかもしれないという考えを退けている。

ここにこそ、これまでにもかなり探求されてきた建築の脱構築というネガティヴなモチーフを越えて、やらなければならないことがあるのです。もっと広い意味での建築の脱構築が生み出すであろう建築とは、もはや閉鎖的、自己同一的で特殊な一分野ではありません。その結果として建築は、建物のデザインや建物そのもの以上の存在として取り組まれなければならないのです。建築は都市計画を含む諸々の連関に取り組まなければならないものであるのは当然なのですが、さらに同時に、一般に「文化」と呼ばれるものを乗り越えていくようなものとして探求されなけ

ればならないのです。(ibid., p. 170)

デリダは「脱構築的なものと見なすことができるようなオブジェクトは存在しない」と述べている(ibid., p. 171)。『コーラ・ル・ワークス』の締めくくりの部分には、デリダの手紙に対するアイゼンマンの返信が載せられている。この返信は次のようにして終わっている。「最後になりますが、私の建築はそうであるべきものにはなり得ず、ただそれがそうであり得るものになることができるのです」(ibid., p. 189)

『コーラ・ル・ワークス』という本は、本書で引用した以上に多くの言葉と、本書では省いてしまった複雑に絡み合うテーマや討論を含んでいるが、それらは『コーラ・ル・ワークス』に収録されたキプニスの論文がより完璧に論じている。議事録から明らかとなるのは、この協働作業／癒着のなかで個性が文化の違いや知的伝統の違いと同じような役割を果たしているということである。デリダとアイゼンマンが語る相互寄生とは、ただデザインにのみ関係するのではなく、名声、立場、正当化、学問分野、そして「原作者という地位」(あるいは「作品への署名」)にも関係している(ibid., p. 168)。キプニスによるインタビューのなかでデリダは次のように述べている。「もしこのプロジェクトへの私の参加が建築分野においては取るに足らない、正当化のための力に過ぎないものなのだとしたら、私はすぐにでもこの場から逃げたしたいくらいです」(ibid., p. 170)。

『コーラ・ル・ワークス』のなかに記されている建築や提示されている建築アプローチは、多くの者から非難されることになった。その非難とは、建築あるいは少なくとも建築の派生物が、あまりにもたやすく公衆から守られた自己言及的な学問になってしまっただけであるというものだった。アイゼンマンにとってラ・ヴィレット公園のデザインのモチベーションとなっていたのは、作品(完/未完を問わず)の特殊な循環への一連の相互参照であるように思われる。この作品が「間テクスト性」に関するアイデアに負うものであるのはほぼ間違いない。しかしながらこの作品の場合の「テクスト」とは非常に特殊な循環をもつテクストであり、すなわち同じ作者による異なるプロジェクト同士のことである。では提案された公園は、この場所の利用者として考えられる人々というテクストとはどのように交差するのだろうか? 公衆や利用者についてのアイデアは建築家の作品において明白というよりもむしろ潜在的なものとなっているのだと考えられるかもしれない。しかしそのように考えるとしても、公衆、ポリス、要望、人口層について暗黙裡のうちにであれ、何らかの考え方を真剣に探らなければならない。むろん入り込みやすいデザインの構想、ニーズの分析、法規則や計画制限の認識はいうまでもない。デリダはアイゼンマンの明らかなフォルマリズムとは別の問題(例えば衛生面や安全面)に注意を向けており、公園利用者とは無関係の建築的主張を作り出すことにはほとんど関心を示していないようである。相互参照や批判的自己認識に加えて『コーラ・ル・ワークス』という本そのものは、間テクスト性の傾向を示している。しかしながらこの本は結局のところ、ピクニックやサッカーをするために集まるような環境となることはなかった。

利用者のニーズを突き止めることが、このフランス知識人やアイゼンマン建築からしてみればあまりにも機能主義的であるように思われるとしても、散歩というアイデアを組み込むことが機能主義だというわけではない。遊歩者（flâneur）について考えてみればよい。例えばベンヤミンの『パサージュ論』、ルイ・アラゴンの『パリの農夫』、あるいはアンドレ・ブルトンがパリの蚤の市へ立ち寄る話（Breton, 1960［邦訳書あり］、Aragon, 1994［邦訳書あり］、Benjamin, 2000［邦訳書あり］）などである。『コーラ・ル・ワークス』における建築と脱構築の出会いのなかには、都市理論家ジャン＝フランソワ・オゴヤールが一九七九年にフランスで刊行した重要な著作『一歩一歩——都市環境の日常における散歩についての試論』への参照はないが、この著作のほうは差異というテーマに関してデリダの『グラマトロジーについて』を参照している（Augoyard, 2007, p. 105）。オゴヤールの著作は日常における散歩という活動についてのものであり、表現や習得も含めて言語について語るように散歩について論じている。この場合の散歩としての言語とは、語りを通じて示されるのと同じように、個人やグループの散歩活動のなかでちょっとした差異や識別を楽しむものとして理解されている。このような散歩活動は、マスター・プランナーや建築家という理念化されたモデルにはほとんど適合しない。散歩は一種のテクスト産出である。ある空間に実際に住んでいる人や利用する人に対してこのような

ラ・ヴィレット公園中央エリア。アイゼンマンのプロジェクトの敷地として予定されていた場所

ミクロな研究を行うことは、アイゼンマンのデザインからはるかにかけ離れている。アイゼンマンのデザインにおいて、人々は後付けされたものとして地下に排除あるいは移動させられているように見える。チュミの仕事に対して肯定的に書かれた論文のなかでデリダは、ラ・ヴィレット公園と関連づけながら散歩について言及している（Derrida, 1986, p. 331）。しかしながら散歩というこのテーマは、アイゼンマンとのプロジェクトからはすり抜けていった。一方でオゴヤールの研究は、ミシェル・ド・セルトーが『日常的実践のポイエティーク』を執筆するきっかけとなった。セルトーのこの著作は一九八四年に英語翻訳版が刊行されたが、空間的実践に関する章「都市を歩く」が設けられていたり、デリダや「歩行のレトリック」について言及されていたりする（de Certeau, 1984, p. 100［邦訳書、二一四頁］）。

デリダと建築家たちは別のかたちで出会うこともありえたのかもしれない。例えばラ・ヴィレット公園のための学生プロジェクトがある。これはたったひとつの成果ではなく、複数のプロジェクトからなる多くの者たちによる協働作業であり、ベルナール・チュミによる「マンハッタン・トランスクリプト」で説明されているようなメディア横断型のエクササイズである。以上の都市・建築理論の事例を引用したのは、それらがフランスの文脈ではよく知られており、デリダが建築に関わった時期に先行し、あるいは同時代のものだからである。これらの事例のほうが間違いなくデリダの哲学に対して関わりが強かったのである。

『コーラ・ル・ワークス』プロジェクトの後、デリダはチュミのラ・ヴィレット公園について書いている。デリダが詳細に論じているのは、この敷地の上に立つ建物には目的などなく、それは狂気に結びついたフォリーであるというチュミの主張である。この論文は、この公園の特徴やチュミがそれについて書いたことを肯定的に取り上げている。そのなかでデリダは、彼が建築における脱構築から期待していることをはっきり述べている。デリダは建築にとって重要な四つのグリッド・ポイントを概説しているが、その各々は建築を脱構築するならばつねに動揺させられるはずのものである。言い換えれば、それまで多くの者が考えてきた建築における脱構築は、建築の基礎と考えられるこれらの四つを攻撃しない限りは、脱構築としては効果を持たない。本書のプロローグでも言及されたように、最初のグリッド・ポイントは、建築の分野で家、住まい、炉といった概念が伝統的に重視されてきたということにある。二つ目は、起源、基本原則、秩序づけに対する近代建築のノスタルジーであり、ここには建築の神聖な起源への畏敬の念が含まれている。三つ目の基礎となっているものは、建築が何らかの改善や改良、人間への奉仕を目指しているということである。四つ目の基礎は芸術への執着であり、すなわち、美、調和、完全性の追求である。これらの基礎は建築に限られたものではないが、これらの基礎に対して最も明瞭かつ手で触れられる表現を与えるのが建築なのである。この表現はモニュメンタルな物質性や建物の永続性をとおして与えられる。そしてこのような物質性・永続性によってこれらの文化的基礎は保存・伝達され、脱構築に抵抗する。デリダにとっては、この手で触れられるという要素のゆえに、「建築が形而上学の最後の砦」に変えることが企図されれるのである。「どのような脱構築も、もしこのような抵抗や伝達が考慮されていなければ、結果としては取るに足らないものとなるだろう」(Derrida, 1986, p. 328)。最初の頃、ラ・ヴィレット公園のチュミのフォリーは意味を解体することに成功しているように見えた。「それらはこのような構成をもつ建物を問題化し、その位置をずらし、動揺させ、あるいは脱構築する。そしてこのような動きのうちには狂気がある。しかしながらフォリーは建築をただ「保守(maintain)」し、刷新し、再び書き込んでいるだけである」(ibid., p. 328)。それらは「アナーキーなカオス以外の何物でもない」(ibid., p. 329)。脱構築という観点からこの公園が提供している最良のものは、来るべき建築を予期させる点に存する。赤いフォリーは賽であり、そして賽は投げられたのである。

【注】

1　文献的な観点から注目すべきは、建築・建築史関係の雑誌論文でデリダに言及しているものの比率が一九九〇年代にピークを迎えており、二・八%近くの建築論文がデリダを参照しているということである。同時期にウィトゲンシュタインとハイデガーへの言及もピークとなっているが、デリダと比較するとその数はもっと少ない。デリダの専攻分野である文学や哲学におけるデリダ関連の論文を見てみるとその比率は横ばい状態である。つまり、これらの分野ではもっと早くからデリダが言及されていたということである。

第5章　異他なる空間　*Other Spaces*

一方で建築は専門知識を用いて物質を組み合わせることで空間を構成するものである。このような機能的な組み合わせが、ル・コルビュジエにとって「光の下に集められた立体の、精通した正確な素晴らしい操作」であった（Corbusier, 1931, p. 29［邦訳書、一八頁］）。建築家は空間を定義し、秩序づけ、構築する。他方で触れたり構築したりできる物質的なものの外側にあって、建築家がおとらず興味を示す空間が存在しているように思われる。コンピュータ化の到来によって、建築家はこのような「異他なる空間（other spaces）」[1]をさらに強く意識するようになった。一九九〇年代におけるサイバースペースに対する熱狂によって、完全に没入できる環境のファンタジーへの期待が高まった。この環境は、普通にわれわれが生活している空間の特徴をさまざまな仕方で示しつつも、実際にはコンピュータ・メモリやネットワークのなかのデータとしてしか存在していない。拙著『技術ロマン主義』（Coyne, 1995）では、サイバースペースを促進した遺産や多くの熱狂者たちが発展させた思索について検討した。その思索とは、この電子ネットワークが新しい未来の前兆であり、この未来において人間は巨大なひとつの精神混合体、一切のもののための新しいコンテナ、情報・知識・時間・空間・アイデンティティーが融合したものへと吸収されていくのだというものである。同著で論じたのは、このようなサイバースペースの夢（あるいは悪夢）がプラトンのイデア論に似たものであり、あるいは少なくともポスト-産業時代の高度に技術化されたネオ・ロマン主義的なイデア論を示しているということである。サイバースペースとは、建築における非物質的なものを創造・把握しようとする試みなのである。

異他なる空間というテーマに関するデリダのプラトン解釈を検討する前に、このような空間・世界・領域の分類を確認しておくのがよいだろう。それは石、金属、ガラス、木材でできた建物の空間やサイバースペース論を喚起させるような空間の外側にある空間である。プラトンのモデルは「異他なる」空間についての最も一貫した初期の理解を提示している。『ティマイオス』や『国家』のなかでプラトンはイデアが占める世界について語っている（Plato, 1941 ; 1965）。これらのイデアは不変かつ普遍のものである。例えば完全な球や三角形、その他の形態に加えて、完全な善や正義、徳、知性なども含まれる。これらのイデアは目には見えず、理性によってその存在が把握される。さまざまな宗教的伝統のもとでこの無時間世界は神や精神、魂の住処とされている。プラトンが言及する第二の領域は、感覚によって把握されるわれわれの周りの世界である。この領域はイデア界の劣化した複製である。この領域では、三角形も完全な形態を持っておらず、指導者が制定する法は不完全であり、最も美しいものにも欠落がある。イデア界が知性的なものとされるのは、それが知性によって、すなわち思考と理性によって最も良く理解されるからである。われわれの周りの世界は感性的な世界であり、視覚・聴覚・触覚などの感覚によって最も良く理解される。

プラトンの特徴づけによれば、知性の領域は何らかの仕方で感性の領域よりも「いっそう現実的」である。このような特徴づけは、対立すると思われているものを逆転させる初期の事例のひとつである。プラトンは目に見えるものと見えないものの関係について、その常識的な理解を逆転してみせたのである。ホメロスのギリシア文学が触れることのできない精神世界を空虚で刹那的な何かとしているのに対して、プラトンはこのような異他なる空間を日常世界で認識されるものよりも現実的なものとして説明している。哲学者ハンナ・アレントはこの逆転に言及しながら、プラトンの説明を次のように言い換えている。「魂は肉体の影ではなく、むしろ肉体のほうが魂の影なのである。」（**Arendt, 1958, p. 292**〔邦訳書、四六〇頁〕）このようにしてみるとプラトンは、当時としてはラディカルな考え方を提示していたということになる。

『国家』においてプラトンは、この二つの領域あるいは世界についての自身の理解を説明する際に、洞窟という空間的なメタファーを用いている（Plato, 1941）。人間は洞窟のなかに捕らわれた囚人のようなものであり、外界の世界の現実を、ゆらめくろうそくの明かりのなかの影としてしか見ることができない。プラトンが知性界と感性界の関係を説明するために用いるもうひとつのメタファーは刻印という概念である。知性界に住まう完全な形態は、感性界の物質に刻み込まれている。それはちょうど国王の指輪の記章が、粘土やろうに刻印されるようなものである。このように人間の周囲には、世界に植えつけられたり吹き込まれたり刻み込まれたりした、より高次の完全体のさまざまな印象がみられる。この刻印のプロセスは建築の物理的な幾何学にもあてはまる。それは神の幾何学のたんなる複製に過ぎない。集団や個人の社会的・政治的・日常的な行動は、多かれ少なかれ、完全な良識や徳、知性が刻印されたものなのである。

以上のように、知性的なものと感性的なものに分割される宇宙というプラトン流の考え方は、歴史を通じてその都度、擁護と批判を伴って繰り返し現れた。プラトン哲学のこの点に関する異議の多くは、プラトンの弟子のアリストテレスを中心とするものである。アリストテレスは、世界や人間をプラトンよりも実践的で経験的な観点から理解することを主張したとされることがある（Aristotle, 1976［邦訳書あり］）。人間の良心や倫理という領域には市民が結びつかなければならない高次の原理的知性があるとされ、ソフィアと呼ばれる。ただしその軸となる徳とされるフローネシス（思慮）は、経験や実践的応用を通じて獲得される知性である。プラトンとは対照的にアリストテレスの哲学には、経験科学にきっかけを与えたとも考えられるような世界的現実が認められるのである。その哲学は実験を重視するものであり、イデア的な抽象物を媒介とするよりもむしろありのままの世界を観察しようとする。二〇世紀のプラグマティズムもまた、アリストテレスを源流とする。アリストテレスにとっては、市民の家政が社会のモデルを提供する。すなわち社会とは、家主たちが自分たちの財産を管理する実践的な関係なのである。プラトンからかなりの影響を受けているものの、アリストテレスの哲学は日常的なものや実践的なものを重視する哲学である。

強・用・美という概念に建築の起源を見出すウィトルウィウスの説明も同じように、神の幾何学よりも実践的なものを論じている（Vitruvius, 1960［邦訳書あり］）。ウィトルウィウスはアウグストゥス帝の時代の建築をおおいに擁護しており、ローマ哲学とのつながりを持つ点でプラトンあるいはアリストテレスよりもストア学派に近い（McEwen, 2003）。ストア学派は非常に活発な哲学的・社会的運動であった。プラトンやアリストテレスのような文才の持ち主はいなかったが、人間の思考の発展を根深く支配しており、近代経済学の創始者アダム・スミスといった思想家たちにも影響を与えている（Smith, 1984［邦訳書あり］）。スミスが強調するのは、一切のものは相互に結びついており、善は全体の振る舞いから生じるのだから、自由競争市場においてあらゆる個人におそいかかる不平等を社会は受け入れるべきだということである。世界システムにおける相互接続や切断、崩壊を説明するために、ジル・ドゥルーズが用いた豊富な生物学や地質学のメタファーには、ストア学派に由来するものもある（Deleuze and Guattari, 1988［邦訳書あり］; Sellars, 1999）。ストア学派の世界観は完全に物質的なものである。神についてのどんな概念も一切のものの総和に由来しており、一切のものは究極的には相互につながっているのである。超越論的な異他なるものとは、端的に一切のものの全体であり、あらゆる事物の統一である。さらにストア学派の思想を表現したロマン主義の大衆文学・映画もある。ジェームズ・キャメロンの体験型3D映画『アバター』(二〇〇九年)を考えてみればよい。そこでは相互に結びつく生物という考え方が技術と結びついており、他の新原始主義的な神話も見出される。

ユートピアも異他なる空間のこのような分類のなかでは突出した特徴を持つものであり、ディストピアやファンタジー空間も同様である。これらはどれも文学理論家によって論じられてきた(Jameson, 2005〔邦訳書あり〕)。「異他なる空間」は興味深い対立のなかで語られている。例えば「非物質的／物質的」「知性的／感性的」「全体／部分」「ユートピア／ディストピア」「現実／仮想」「現実的／さらに現実的」などである。

前章で見たように、『ティマイオス』においてプラトンはさらにもうひとつの「異他なる空間」を明らかにしている。それがデリダも参照するコーラである。プラトンはこの第三の領域を次のように説明している。

さてそれでは本論に帰って、万物についての今度の出発点は、前のよりももっと分類の規模を拡げたものにしましょう。すなわち、あの時は、われわれはただ現実の二種のもの(訳者注:形態）だけを区別したのですが、いまはそのほかに第三の種族（訳者注：形態）を明らかにしなければならないのです。というのは、前の話題では、あの二つのもの、――つまり、一つはモデルとして仮定されたもの・理性の対象となるもの・つねに同一を保つものであり、第二は、モデルの模写に当たるところのもの・生成するもの・可視的なものだったのですが――この二つだけで十分間に合っていました。そしてその時は、第三のもの（訳者注：形態）をわれわれは区別しなかったのですが、それは、この二つだけで十分だろうと考えたからです。しかしいまは、議論のほうがわれわれに、捉えどころのない厄介な種類のもの（訳者注：形態）を、言論によって明るみに出すように努めろと迫っているらしく思われます。それでは、このもの（訳者注：形態）は、どんな機能と本性を持つものと考えなければならないのでしょうか。それは何よりも次のようなものだと考えなければなりません――つまりそれは、あらゆる生成の、いわば養い親のような受容者だというのです。（Plato, 1965, p. 67, §16〔邦訳書、七四〜七五頁〕）

なぜプラトンは『ティマイオス』においてこの第三の領域、あらゆる生成の受容者や養い親を導入する必要があるのか？『ティマイオス』は宇宙の起源についての本であり、始原的要素（土、空気、火、水）、幾何学、人間の身体的・精神的特徴の理解を統一的に物語る試みである。プラトンは、知性界と感性界に分岐した宇宙という自身の考え方が論理的に一貫していないことを認めている。諸々の形態の起源は喜ばしいことに知性界に根づいている。そうであれば「粘土」は、つまり形態を受け入れる無形態のものはどこからやって来るのか？　おそらく知性界から生まれ出てくることはあり得ないだろう。というのもそれは、知性的なものが何らかの意味で不完全であること、変化する存在を含んでいることを含意してしまうからである。実際にはプラトンはこの「粘土」が必然的に変化しないものであると述べている。粘土がさまざまな形態へ変形することは粘土という性質を変化させるものではないのである。

そのものは、いつでも同じものとして呼ばれなければなりません。何故なら、そのものは、自分自身の特性（もしくは機能）から離れることがまったくないからです。――何しろ、そのものは、いつでも、ありとあらゆるものを受け入れながら、また、そこへ入ってくるどんなものに似た姿を、どのようにしてもけっして帯びていることはないからです。というのは、そのものは元来、全てのものの印影の刻まれる地の台をなし、入ってくるものによって、動かされたり、さまざまの形を取ったりしているものなのでして、このようにして入ってくるもののために、時によっていろいろと違った外観を呈しているというわけだからです。(ibid., p. 9, §18〔前掲書、七八～七九頁〕)

このようなわけで生成の受容者や養い親は粘土のようなものである。すなわち、「そこへ入って来たり、そこから出て行ったりするもののほうは、これは『常にあるもの』（＝理性対象）の模倣」であり、「後者から、一種の、表現しにくい、驚くべき仕方で写し取られたもの（訳者注：形態）」なのである（ibid., p. 69, §18〔前掲書、七九頁〕）

ここからプラトンはさらにこの可塑的な受容者の特徴を説明するために、出産のメタファーを導入する。すなわち、受容者は母である。そして母である受容者が刻印として受け取る形態や知性モデルが父である。明らかなことだが、受容者は事物のように始原的要素（土、空気、火、水）から作り上げることはできない。「むしろこれを、何か、目に見えないもの・形のないもの・何でも受け入れるもの・何かこうはなはだ厄介な仕方で、理性対象の性格の一部を備えていて、きわめて捉えがたいものだと言えば、間違っていることにはならない」のである（ibid., p. 70, §18〔前掲書、八一頁〕）。プラトンがこの第三の領域を示すために用いた古代ギリシア語はユポドーシ（ὑποδοχή）であり、これが「受容者（receptacle）」と訳されている。

宇宙の起源について説明した部分でプラトンがこの第三の領域を呼ぶために導入した語がコーラ（χώρα）であった。コーラは『ティマイオス』の伝統的な訳では通常、「空間（space）」と訳される（Taylor, 1928, p. 342）。実際、何人かの注釈者はここでのプラトンの説明が慣習的に理解されている空間の発展を記述するものだと主張している。すなわち世界の事物の容器である延長の空間は、存在の受容者から発生したというのである（Plato, 1888, p. 45）。コーラは一般的に使用される語であり、それは現在のギリシャ語においても同様であって、場所や位置、敷地、地域、国といった語義を持つ。

科学哲学者であるルック・ブリッソンとヴァルター・マイエルシュタインは、コーラを空間ではなく「空間的媒体（spatial medium）」と考え、「感性界が『そこにつくられるもの』であり『そこからつくられるもの』」であるとした（Brisson and Meyerstein, 1995, pp. 22–23）。このようにコーラは単なる空間ではなく、時系列的にも論理的にも空間に先行する何かである。コーラが持つ奇妙な特徴をプラトンは次のように説明している。

「場（訳者注：コーラ）」の種族……これは滅亡を受け入れることなく、およそ生成する限りのすべてのものにその座を提供し、しかし自分自身は、一種の擬いの推理とでもいうようなものによって、感覚には頼らずに捉えられるものなのでして、ほとんど所信の対象にもならないものなのです。そして、この最後のものこそ、われわれがこれに注目する時、われわれをして、「およそあるものはすべて、どこか一定の場所に、一定の空間を占めてあるのでなければならない、地にもなければ、天のどこかにもないようなものは所詮何もないのでなければならない」などと、寝とぼけて主張させる、まさに当のものにほかなりません。（Plato, 1965, p. 72, §20［邦訳書、八四頁］）

「擬いの推理（spurious reasoning）」という部分については「私生児的な推理（bastard reasoning）」と訳されることもある（Taylor, 1928, p. 342）。これが含意しているのは市民と非市民の結合であり、この結合による子孫は嫡出子として認められないということである（Sallis, 1999, p. 120）。コーラはこのような混血や私生児という特徴を持っており、コーラを把握するための理性もまた同じ特徴を持っているのである。

さらにプラトンは、宇宙の由来元であるような一種のカオスの考えも導入している。この際にプラトンが提示しているのが、そのなかで要素同士の混合、ふるい分け、定着、差し引きがなされるような箕あるいはふるいという概念である。そしてこの概念がインスピレーションとなって、前章で概説したアイゼンマンの『コーラ・ル・ワークス』プロジェクトにデリダが加わることになったのである。このようにコーラの周辺には、空間、場所、カオス、母型、受容者、誕生、複雑性、矛盾、差し引き、表現不可能性といった複数の概念が群がっている。

プラトンの宇宙におけるコーラの特徴づけは、ある問題や矛盾を対置のうちで特徴づけるというデリダの脱構築の公式にぴったり当てはまる。この場合には知性的なもの（不可視的なもの）と感性的なもの（可視的なもの）に二極化した宇宙の構成であり、形態が宿る知性的なもののほうに明らかに優位性が与えられている。しかしながらプラトンに特有なのはこのどちらにも先行するものという概念である。それがすなわちコーラであり、原-現実である。コーラについてのデリダの難解な論文を理解するひとつの方法は、この論文を以上のような起源とされるものに染み込んでいる、困難や問題性を論題として提起していると見なすことである。コーラについてデリダは次のように述べている。「人はコーラについて、それはこれでもなくあれでもない、とすらいうことはできず、あるいは、それは同時にこれかつそれである、とすらいうことはできぬ」(Derrida, 1997, p. 15〔邦訳書、九～一〇頁〕)。デリダにとってコーラのこの逆説的な特徴は多重的な「二つの極のあいだの揺れ動き」(ibid., p. 15〔前掲書、一三頁〕)を意味している。コーラはデリダが格闘する格好の存在となる。これにはコーラということの基本的で根源的な存在が私生児、異種交配、非正統的な理性を要求するというプラトンの理解も含まれている。すなわち、基礎的な概念を構築すると同時に、その当の概念が基礎という可能性を否定しているという点も格闘の対象となる。さらに物質として存在する空間的なものでありながら、感性的に捉えることのできない特性を持つものがあるということを、言語に基づく難解な論理によって説明している点も同様である。

いうまでもないことだが、本書で与えられたコーラの説明は、論争を巻き起こしたデリダのこの論文を文脈化する試みである。もちろんこの論文において、デリダはそのような整理された文脈化に努めてはいないし、読者がすでにコーラに、あるいは少なくとも『ティマイオス』に馴染んでいることを前提としている。デリダが建築の読者や協働者に配慮するということも全くない。建築家が空間というものの問題性について認識するのはよいことなのだが、そうしたことを知ることによって、建築家ができるようになることについてデリダは一切の示唆を与えないのである。建築理論家アンドリュー・ベンジャミンは次のように同様のことを述べている。

> 対話（『ティマイオス』）におけるコーラの登場と建築の活動をつなぐ唯一の建設的な可能性は、対話そのもの（『ティマイオス』）と建築オブジェクトのあいだに類比が存在するか否かにかかっている。しかしながらやはりこの類比はうまくいかないだろう。(Benjamin, 2000, p. 22)

このような考え方は、デリダとアイゼンマンのプロジェクトと同様に、あきらかに挫折する。したがってコーラの概念を建築に近づけるためにさらに別の作業が必要となる。

●越　境

多重的な「二つの極のあいだの揺れ動き」というデリダの特徴づけは、哲学者イマヌエル・カント(1724-1804)によって提出されたもうひとつの「異他なる空間」についての特徴づけを思い起こさせる。それは崇高という領域である。崇高なものとは、理性的に思考する観察者の想像や記述といった能力によっては捉えられないものである。それは例えば、星々の広がりや原子の大きさ、純粋な超越物、存在することを止めたもの、自然の恐怖、存在の受容者といったものである。カントによれば、自然の美しいものに出会ったときには、平静に思索することができる。しかし崇高なものについて考えるとき、人は「動揺＝運動（moved）」させられる。カントは次のように述べている。「こうした動揺は（とりわけそのはじまりにおいては）一箇の振動と比較されうる。すなわち、一箇同一の客体からの反撥とそれへの吸引が急速に交代するさまと比較されることができる」。人間の構想力や言葉、絵を用いてもわれわれは崇高なものを捉えられない。「構想力にとって法外なもの……はいわば深淵である（Kant and Guyer, 2000, p. 141［邦訳書、二〇〇〇頁］）。崇高なものというカテゴリーには、気持ちを高ぶらせるものや純粋なものに加えて、表現できないものも属している。例えば哲学者ジャン＝フランソワ・リオタールによれば、崇高なものをモチーフにするアヴァンギャルド画家は「見るということを不可能にすることによってのみ」鑑賞者に見ることを可能にするようになり、あるいは「痛みを引き起こすことによってのみ喜びを感じ」させることを可能にするようになるのであり（Lyotard, 1986, p. 78［邦訳書には該当部分なし］）、これが芸術や哲学の機能のなかでも重要なものなのである。コーラもまた、記述に抵抗するという点で崇高なものである。

他方で崇高の概念は閾（threshold）という考え方も想起させる。「閾」に対応するラテン語はlimenであり、さまざまな語のうちに変化して現れる語幹である。subliminal（意識下のもの）とは意識の閾の下に存在する思考に関係するものである（Freud, 1991, p. 163［邦訳書あり］）。Sublimate（昇華する）とは無意識に押し入ることである。それは今でも化学の分野で用いられる語であり、固体が溶解することなく蒸発すること、あるいは気体が液化することなく固体になることを指す。崇高(sublime)は、(固体―液体―気体のあいだの)閾を下回ったり上回ったりしている状態である。この点において崇高とは逸脱であり、越境であり、境界に達して未決定の状態にあることである。同時にそれはへりにとどまること、断崖絶壁のへりの前でぐずついていることをも意味する。

デリダはコーラをミザナビーム(入れ子構造)と結びつけている。ミザナビーム(入れ子構造)とは、「無限後退に置き入れること」あるいは崖や深淵に立つことを意味しており、二枚の合わせ鏡のあいだに立って無限に後退する像を見る場合にもたらされる効果である。ミザナビームは絵のなかに絵がある場合や、夢のなかで夢を見る場合にわかりやすいだろう。別の論文でデリダはまたテクストの相互参照(間テクスト性)を説明する際にもこの語を用いている。

崖や境界は入口と出口という契機を印づけるものである。コーラはある特定の感動=動き(ムーヴメント)(movement)を含意する。現代ギリシア語はユポドーシ(受容者)を「迎え入れ」や「歓待」の意味で用いている。訪問者はレセプション・ホールで迎え入れられ、普通は同じ経路から立ち去っていく。迎え入れられる場所は同時に立ち去る場所でもある。受容器は何かを入れるものであると同時に、それをそこから取り出すものでもある。境界をまたぐ動きは回帰も含意している。どこかへ出かけて行って、また帰って来るというこの単純な物語構造は神話、伝承、儀式、建築に繰り返し

ミラールーム（アロス・オーフス美術館、デンマーク）

現れるものである。それはたんに旅行者とされる人が、その行き来の反復的なシークエンスに巻き込まれているということだけではなく、同時にその人が、このプロセスのなかで変容してしまうことでもある。エディンバラからパリへ何度も旅行している人にとって、その都度パリは異なったものである。というのもその旅行者は、故郷の暮らしのなかで変容しており、エディンバラの印象や理解もパリへの旅行を通じて変容しているからである。さらに彼も含めて頻繁に出掛けている無数の旅行者たちは、彼らが訪れるさまざまな場所においても変容している。いずれにせよ旅行者が見るパリとは、自分の故郷というフィルターを通じたものである。社会学者ジョン・アーリによれば、旅行者という体験は「普通なら平俗でしかないはずの行為を非日常なものに表現しなおす」のである（Urry, 1990, p. 13［邦訳書、二二頁］）が、それは別の場所にいるからである。いつもどおりに食事をするにしても、自宅の食卓やテレビの前よりもサン＝ジェルマン通りのカフェのほうが気分がよいだろう。あるいはいつもどおりに歩くにしても、マレ地区やセーヌ川沿いを歩くほうが楽しいだろう。

コーラのこのような変容に関する側面はさまざまな空間との儀式的な出会いとして捉えられる。この点を建築理論家アルベルト・ペレス＝ゴメスが論文「コーラ――建築的表象の空間」のなかで説明している。そこではプラトンの『ティマイオス』が引用されており、コーラは「人間が創造し参加する空間」かつ「目に見えない基盤」であり、言語を超えて存在していて、それどころか言語や文化を可能にするものですらあるとされている（Pérez-Gómez, 1994, p. 9）。「思索のための空間かつ参加の空間」（ibid., p. 15）としてのコーラの機能を具体化するのは劇場である。劇場はコーラス（合唱：chorus）やコレオグラフィ（振り付け：choreography）、その他の概念をコーラ（chora）と共有している場所である。またペレス＝ゴメスはコーラを家庭の女神ヘスティアと交通・境界の神ヘルメスの私生児と見なしている（ibid., p. 9）。さらにヘルメスは伝令の神であり、また解釈や解釈学（ヘルメノイティクス）の由来元であることも付け加えておこう。ヘルメスは同時に区別を混乱させるトリックスターでもある（Hyde, 1998［邦訳書あり］）。このように読み解いていくと、コーラが小旅行や儀式、曖昧さといった概念を含んでいることがわかる。

人類学者ヴィクトール・ターナーは、加入の儀式を、通過儀礼において中間的な段階にある状況に関係するものとして記述している。それはあやふやで曖昧かつ逆説的な立場なのである（Turner, 1967）。加入者は変容された経験から帰って来る。そこにある境界地点は、そこへと入っていき、かつそこから出てくる何かである。出入り、行き帰り、儀式の繰り返し、異他なるものとの出会いは、印や痕跡を後に残していくことを示している。それは存在と変化という、動的で生き生きとした変容が続いている状態である。それはまた異種交配、曖昧化、混合といったプロセスでもある。

しかしながら、まるでこの第三の領域についての以上の思考をさらに不安に陥れさせるかのように、デリダはコーラのもうひとつ別の特殊な性格に焦点を当てる。コーラは、出入り、印を残すこと、空間上のやりとりから戻ってきて何かを与えることといった原則から逸脱しているように思われるというのである。コーラは形態を受け取り、それに場所を与える。しかしながらそのときにも、コーラがそれによって変化を被ることはない。もしコーラが女性であり、男性の形態を受け入れるものであるとしても、それでもコーラは処女であり続ける（Derrida, 1997, p. 17〔邦訳書、一二二頁〕）。可塑的な粘土はいったん判子の刻印を受け取ったとしても、練り直せばまた使える。元々の印象は簡単に消去することができるのであり、そこには痕跡も残らない。記憶を豊かに詰め込んだもの、蓄積されていくもの、記号に満たされた非常に象徴的なものとしてコーラを考えてはならない。デリダをしっかり読み込めばそのようなものではないことがわかる。われわれの存在の基質は、以前に生じたこととは無関係なのである。コーラは「何ひとつ与えているわけではない」（ibid., p. 18〔前掲書、一二四頁〕）。

●空間とパラドックス

コーラはさまざまな研究者、特にデリダによって解釈されてきたわけだが、このコーラから建築家は何ができるだろうか？　プラトンが提示した二つの領域や、プラトンが知性的なものと感性的なもののあいだに設けた区別、そしてこの区別の上に構築されたあらゆる哲学や建築は疑わしいものとなっている。あるいはもっと悪くいえば、無効なものとなっている。というのもこの区別の創始者であるプラトンによれば、それらは擬いの非論理的な存在であるコーラに依拠しているように思われるからである。この点に関してはプラトンの見解を棄却する建築理論家や建築史家は、デリダ如何に関わらず、ほとんどいないだろう。

デリダは、反省（reflection）という伝統に対して、ラディカルな流動性や未決定性という役割を当てはめたり関連づけたりする。このような役割をプラトンの著述にも名残りのようなかたちで見出すことができる。プラトンに先行してソクラテス以前の哲学者たちも、パラドックスや矛盾といったものの重要性を認めていた。ヘラクレイトスにとって「統合された事物とは、全体であって全体ではなく、一緒に取りまとめられていると同時に別々にされているものであり、調和していると同時に調和していないものである。」（Allen, 1985, p. 41）しかし同時にわれわれは排中律を含むアリストテレスの論理学原則も継承している。排中律とは、あるものであると同時にそのあるものではない、あるいは原因であると同時に結果であるといったような、非論理性に異議を申し立てているように思われるものである（ibid., p. 330）。

現に多くの伝統にパラドクス遊びがあることを思い起こしてみよう。これは宗教哲学者ミルチャ・エリアーデが儀式や伝説を事例にして説明したことである。エリアーデが注記するように、ある種の儀礼や信仰の目的は、「究極の実在、聖性、神性は、人間の理性的理解の可能性を越えている」ことを人間に想起させる。それらが想起させるのは、このような現実が「もっぱら神秘と逆説として把握されるということ」であり、「神的完全性は質と徳の総和としてではなく、「善」「悪」を超えた絶対的自由として了解されるということ」(Eliade, 1965, p. 82〔邦訳書、一〇七頁〕)である。ユダヤ人哲学者ゲルショム・ショーレムも、中世ユダヤの伝統におけるカバラという思想に関する書物について同じような特徴づけをしている。カバラの思想が強調したのは、言葉にした瞬間に逆説的なものになってしまうような「理性を越えた」神の側面である(Scholem, 1955, p. 225)。エリアーデが概説したことでもあるが、役割の象徴的な逆転、謝肉祭での悪ふざけを口実にした法と慣習の差し止め、酒神祭の儀式などが求めているのは「対置されるもの同士の再統合、始原的で同質的なものへの回帰」である。さらにこのような活動は同時に「〈カオス〉の象徴的な取り戻しであり、天地創造に先行する未分化の統一の取り戻しである」(ibid., p. 114)。

このようなパラドックスは、ナンセンスな言葉の伝統においても表現されている。二〇世紀におけるシュルレアリスムはこれに属している。ファンタジー文学の理論家マーティン・エスリンによれば、言葉上のパラドックスとは「物質世界とその論理の限界を拡大し超越しようと努めること」である。ナンセンスの試みとは、ルイス・キャロルやその後にはジェイムズ・ジョイスが行ったように、「言葉の破壊」(Esslin, 1961, pp. 245, 248〔邦訳書、二七三頁〕)である。

多くのシュルレアリスム芸術家と交際があった精神分析家・理論家ジャック・ラカンの講演や著作によれば、現実はパラドックスや「矛盾さえする決定要因」によって分割されている（Žižek, 1989, p. 171〔邦訳書、二六一頁〕）。ジル・ドゥルーズの書くところでは、このような考察が語っているのは、現実的なものが精神分裂症のメカニズムに組み込まれているということである（Deleuze and Guattari, 1977, p. 311〔邦訳書、一七七頁〕）。精神病の破壊分子の役割は、拡散・並置・分裂（断絶）を通して行動することであり、構造を作り上げたりピラミッド型の階層へ分割したりすることとは逆である。

本書ではすでに崇高なものという概念について言及したが、それは表現されることや表象されることに抗うような空間体験を説明するための手段であった。これに加えて不気味なものの体験というものがある。この概念を打ち出したフロイトによれば、同じものに何度も遭遇することによって、われわれは子供時代のことや魔法を信じていたことを思い出すという。この概念はまた、幽霊という概念によって展開されている（Freud, 1990〔邦訳書あり〕、Vidler, 1995〔邦訳書あり〕）。異他なる空間の以上の分類には、さらにヘテロトピア（混在郷）なるものを加えることができる。ヘテロトピアとはフーコーによる造語であり、ここにあると同時にここにないものを指す（Foucault, 1986〔邦訳書、二七六〜二八八頁〕）。例えば電車に乗りながら携帯電話で通話していることなどである。文化人類学者マルク・オジェが概説しているように、さらに非場所（non-places）といったものもあり（Augé,

1995)、これは自らの潔白を証明しなければならないような場所である。すなわち、空港のセキュリティゾーンや高速道路、検問所といった、記号化されて落ち着かない過渡的な場所である。これらの空間的な特徴のラディカルさは、空間体験における異常なものに注意を払う必要があるということだけではなく、空間がこのような特性のうちに、つまりコーラという特徴のうちにその起源をもっているということにある。コーラとは、以上のような異なる名前で示されるあらゆる空間的構築物（崇高、不気味、非場所、ヘテロトピア、異他なる空間）のことである。デリダの議論は、さもなくば周縁的で曖昧なものとなってしまうようなこれらの構築物に役に立つものである。というのも彼の議論は、論理化された理性的な空間性の核心に、これらの空間が存在していることを示しているからである。

コーラについてのデリダの解釈は、他のさまざまな戦略とともに建築に対してひとつの空間を切り開き、新しいメタファーを生み出しており、古いメタファーを不要のものにしている。ここからはこの伝統に対する本書の実践的な態度に立ち戻ろう。それはデリダの態度でもあり、この態度についてはすでにリチャード・ローティを介して言及しておいた。弁証的な反転を成し遂げ、ものごとを覆し、矛盾やパラドックスを見つけ出して持ち上げるには「たいへんな労力を要する」ものである(Rorty, 1989, p. 134〔邦訳書、二六九頁〕)。ここで含意されているのは、デリダの議論については、そのプロセスの方が到達された結論よりも重要だということである。価値があるのは、そこへと到達するために必要な仕事であって、その到達点ではない。コーラを理解し正当化するために必要な努力こそ、コーラを表現することよりも価値あるものである。コーラが象徴しているのは、知性へと、それゆえに建築へとラディカルに方向づけられているということである。ラディカルな思索家というデリダの立場が次章のテーマである。

【訳者注】

1　ここで導入されている「異他なる空間（Other spaces）」という概念は、デリダの言説よりもむしろ本節で参照されているフーコーの論文「異他なる空間（Des espaces autres）」のタイトルに由来するものと思われる。このフーコーの論文の邦訳は『ミシェル・フーコー思考集成〈一〇〉』（小林康夫・石田英敬・松浦寿輝編集・慎改康之ほか訳、筑摩書房、二〇〇二年、二七六〜二八八頁）に収録されているが、その際の日本語訳タイトルは「他者の場所——混在郷について」となっている。またこのフーコーの論文はもともと一九六七年にフランス建築研究サークルで講演されたものであり、フランスの理論系建築雑誌 *Architecutre, Movement, Continuité* 上で紙面化された（No. 5, 1984, pp. 46–49）。

第6章　デリダとラディカルな実践

Derrida and Radical Practice

論文『アーカイヴの病』のなかでデリダは制度なるものを、記録物を保管しておく必要性と結びつけている。「どのアーカイヴも、……創設するもの（訳者注：制度的なもの Institutive）であると同時に保守するもの（conservative）だからである」（Derrida and Prenowitz, 1995, p. 12〔邦訳書、一〇頁〕）。制度には例えば政府機関、病院、教会、学校、職能協会、建築協会、さらにもちろんのこと大学などがある。これらの制度は保守したいという強い欲求が最高潮に達したものである。制度は、物事を成し遂げると同時にそれらを保護・保存するために存在している。典型的には制度が役員・雇用主・従業員を食べさせていくものであることを考えれば、その必要性は明らかである。記録物の保守（maintenance）は、制度が制度自身を存続させていく重要な手段であり、あらゆる制度の運用にも不可欠なものとなる。建築もこのような制度の役割に加担している。建築家が建物を生み出すということは、彼らの活動が銀行、学校・病院、企業、その他の制度機構を存続・保守するということである。建築もまた制度として現れるのである。

保存したいという強い欲求はある種の保守主義に等しい。この保守主義という語は日常で使われる場合も多くの意味を持っている。政治における保守主義とは、伝統的な制度の重視と保護を奨励するものであり、物事をかつてあった状態や伝統的な価値観へ回帰させることも含む。あるいは単純に変化に対して抵抗する立場も示す。同様に、建築における保守主義的な観点もおそらくは、アーカイヴや建築教義、優れた建築を構成する主要例を保管するという役割を重要視している。しかし同時に、また建築が自らの核となる価値、真正な構造、規則として見なしているものを保守し、回復し、奨励することも重要視している。建築における保守主義的な欲求として多くの事例を挙げることができる。保守主義としての合理主義者とは、おそらく古典主義者と同じである。すなわち、建築は自然法則に従って形成され、理性による永遠の幾何学原理という真正なものに従っているのだと主張する者たちのことである（Colquhoun, 1989）。伝統的には、プロポーションに関する古典的規則を守ることを意味する。自らはもっと近代的であると名乗った合理主義者たちが提示したのは、建築が機能的な要請によって決定される（形態は機能に従う）という見解であり、あるいは客観性、科学的公平性、合理的方法の遵守であった。

歴史的な観点からするとロマン主義者は、古典主義への古くさい固執が支配する状況に抗うかのように、自らを自由な精神の持ち主として考えてきた。ロマン主義者の一人であるルソーが探し求めたのは「富や世評を超越して、自由で徳高くあること、そしてみずから足れりとすること」であった

(Rousseau, 2008, Book VIII〔邦訳書、三八六頁〕)。しかしながら、自由な精神が保守主義の特徴を示すこともある。保守主義としてのロマン主義は、自由な精神による冒険主義という装いをまといつつ、奇抜なカリスマ的指導者の権威や特殊な建築教養、建築的創造のオリジナルな源泉、あるいは天才や有名人という考え方などにしがみついているかもしれない。これらは重要とされるデザイン・リーダーたちが共通に身にまとっているものであり、ある種の保守主義の主観的な考えをなすものなのである。アイン・ランドの小説『水源』(Rand, 1972〔邦訳書あり〕)は、架空の建築家ハワード・ロークを見事に描いており、以上のようなうぬぼれを典型化したものである。それは凡才にもがき苦しむ一匹狼の自由な思索家のうぬぼれであった。このロークなる建築家は、一方で平凡な人間の持つ権利を支持しておきながら、他方では実利的な役人が押しつけてくるようなどこにでもある趣味の平凡さを避けようとする。ランドの小説の主人公が結局のところ願っているのは、総意としての社会よりも高い地位を、個人による偉業に保守することなのである。

もちろん保守主義は、社会生活のあらゆる面に行き渡っているものである。ほとんどの人は、自分が大切にしているものをとっておきたいと望むであろう。しかしながら有権者であれば誰もが知っているように、保守主義という大義をスローガンとしてためらいなく用いようとする人々もいる。デリダですら「保守主義」と名づけられることがある。その理由はフランスの学校における哲学教育を維持しようとする政策の忠実な支持者であり、硬直したアカデミズムにとらわれており、著名哲学者として現代の知の正典へ寄与する自身の立場を謳歌しているというものである。何人かの話によれば、多くの知識人のキャリアと同じように、デリダもスポットライトの当たる自身の立場や彼の仕事が特定の分野で受け取る権威を謳歌しているとされる。しかしながら、彼の哲学はカリスマ的なリーダーシップを持つものではない。デリダの哲学をいかなる種類の知的保守主義とも調停させるのは困難だろう。とりわけデリダが正当な区別や優先事項に対して、また基礎、原理、起源、その他の形而上学的教義に対して、決定的に抵抗したことを考えればよい。

さらに保守主義は伝統的にリベラリズムにも対立する。リベラリズムは表向きには変化や実験、挑戦に賛同し参与するものであり、ヒエラルキーへの依拠やエリート集団によって正しく適切な行為と見なされた教義に依拠することから距離をおく。伝統的にリベラリズムが追求するのは、個々人が「他人の幸福を奪ったり……しない」限りは人々に自分自身の利益を拡大する自由があるような社会編成である（Mill, 1991, p. 14［邦訳書、三六頁］）。明らかなことだが、リベラリズムを後ろ盾にして、何かを推奨したり呼びかけたりする人たちもいる。建築における以上のような進歩的リベラルの傾向に含まれるのは、設計プロセスを施主だけでなく建物の利用者にも公開すること（Hill, 2003）や、さまざまな方面の利害関係者の意見を聞くこと、建物環境のなかの変化を許容する人たちの自己批判、あるいは既存の制度や最大勢力の利害を守ろうとするよりもむしろあまり表舞台に出てこない集団に注目・配慮することなどであろう。

カール・マルクス（1818–1883）や一九～二〇世紀の政治改革論者の理論は、リベラリズムの特殊なタイプの代表例である。マルクス主義は社会のなかの保守主義勢力に立ち向かったが、この場合の保守主義者とは、土地・建物・機械へ投資してそれらを維持する経済的蓄えを持つ者であり、すなわち支配的なブルジョア階級に属していて産業資本を有する者であった。伝統的なマルクス主義が目指すのは、階級闘争の結果としての労働者市民運動による資本主義の転覆である。これは「むきだしの矛盾」「身体と身体の衝突」である（Marx, 1977, p. 215［邦訳書、三三九頁］）。マルクスの思考は、批判理論として知られる知的運動のなかでさらに発展させられたが（Feenberg, 2002）、この批判理論は、社会改良の主張に対してつねに懐疑的な態度を示すものであった。批判理論の論者は、あらゆる方面に行き渡った有害な資本主義の側面を暴くことをつねに試みていた。資本主義は不可避的に支配する側のエリートに有利に働き、階級システムを存続（保守）するものとされた。実際に批判理論の論者が攻撃したのは、そのものとしては多元主義的で中立的なものであるリベラリズムであった。

さらに重要な批判理論の論者として、フランクフルト学派がある。この学派は一九三〇年代にドイツからニューヨークへ亡命したヨーロッパ知識人の集団であり、この運動の影響力はテオドール・アドルノ（Adorno, 1991）やヴァルター・ベンヤミン（Benjamin, 1992［邦訳書あり］）、ヘルベルト・マルクーゼ（Marcuse, 1991［邦訳書あり］）などに代表される。このグループはマルクスやフロイト精神分析理論、構造主義から多くを受け継いでおり、彼らの遺産は建築理論や設計活動のうちにもいまだに見て取ることができる。

マンフレッド・タフーリは、建築の分野における批判理論の立場の主要な論者である（Tafuri, 1996［邦訳書あり］）。批判理論の論者たちの多くは共産党員であり、彼らの思考は一九六〇～七〇年代のパリにおける支配的な知的勢力となった。デリダは必然的に彼らと知的な交流をもつことはあったものの、結局はこの集団から距離をおいた。このことは、デリダが初期のキャリアのなかではフランス知識人としての生活にあまり馴染んでいなかったことを部分的に説明するとともに（Mikics, 2010, pp. 156, 213）、デリダの仕事が社会や政治の改良にはほとんど寄与しないという何人かの論者からの非難の原因ともなった。このような非難は、デリダが一九九〇年代に入ってから正そうとしたものである。デリダはリベラルな知識人として生きたとすることは間違いではないが、批判理論の論者であったわけではない（ibid., p. 213）。

すでに見たように、デリダが基づいている伝統は、実際にはフッサールやハイデガーの現象学であった。この両者に関していえば、デリダは完全に彼らに没頭していたし、彼らの賛同的な批評家ですらあったということができるかもしれない。しかしながら、デリダは彼らの優秀な弟子であったハンス＝ゲオルク・ガダマー（1900-2002）からは距離をおいていた（Gadamer, 1975［邦訳書あり］）。現象学が賛同していたものを要約する十分な余白は本書にはない。しかし本書の目的に関していうと、少なくともガダマーに代表されるように、現象学はリベラリズムの観点からすれば「穏健な」立場を示していた（Gallagher, 1992）。それは批判理論の論者たちに比べればずっと楽観的な立場であり、個人やコミュニティに信頼を置いており、改良や革命を叫ぶ政治的な責務に突き動かされることはほとんどなかった。現象学はむしろ理解しようと試みていたのであり、しかもわれわれの理解の仕方を理解しようと試みていたのである。この穏健な態度が焦点を当てるのは、オブジェクトやテクストの制作だけでなく、建設実務に関するコミュニティの場合も含めた行為・制作の術全般のあり方である。しかもこのようなあり方を支持するような主張が、哲学分野の議論、とりわけわれわれはいかにして真なるものを知るに至るのかという知識論やエピステモロジーについての、あるいはもっとはっきりいえば解釈についての議論から生まれてきたのである。このような実践コミュニティやその影響の広がりについては第1章で言及した。この穏健な現象学的立場は、本書のプロローグですでに触れたプラグマティズムと容易に結びつく。

以上のような知的情勢の大雑把な見取り図は、さまざまな地域差をもった思考の領域を示している。保守主義的な地帯では規準や知識、価値観を発見して保守・保護する必要性が原動力となっている。この地域を占めるのは、自身の理性モデルを規則や秩序、客観性、科学的手法のもつ厳密さに従わせようとする合理主義者の場合もあれば、個性や天性、想像力に重きをおくロマン主義者の場合もある。ルソーを中心とするようなロマン主義者から一九世紀の社会改革論者やリベラル派へと通じる道によって、この情勢はさらに複雑になっている。最終的にルソーの哲学は、フランス革命を支持する側に入ることになる。このようなリベラル派の影響下にあるものとしては、社会主義者や政治改革論者、さらにマルクスやその後の二〇世紀の批判理論の論者が含まれる。穏健派は改革を原動力とすることはほとんどない。このような穏健派の立場は次節において解釈というものの性質について考察するなかでもっと明らかになるだろう。

さて本章の目的は、デリダの哲学を以上のようなさまざまな二〇世紀の哲学的立場との関係のなかで位置づけることである。その際にはとりわけデリダを「ラディカル」として特徴づけることになる。この語は哲学者ジョン・カプートがデリダの思考の説明にあてたものである（Caputo, 1987）。デリダの思考がラディカルなものであることがはっきりするのは、さまざまな保守主義の立場と比較する場合である。さらにこの比較によって、制度の果たす役割についてのデリダの考えや、それが建築の制度にとって意味するものが照らし出されるのである。

●解　釈

言語やテクスト理解を論じるうえで、大きく立ちはだかるものが解釈である。本節ではこの解釈に焦点を当てよう。解釈に関する言説は現象学に端を発する。結局のところ現象学は、シニフィアンとシニフィエのあいだの戯れという構造主義の問題系を考慮することはほとんどなかった。現象学者マルティン・ハイデガーは、プラグマティズム的な観点からは記号を単純に道具と見なし（Heidegger, 1962, p. 108〔邦訳書、三七一頁〕）、その後には言語を「存在の家」として語る議論を構築した

(Heidegger, 1971〔邦訳書あり〕)。解釈とは、世界のなかで人間として存在しているわれわれの核心に迫るものである。すなわち、どのようにしてわれわれは世界を解釈しているのかを問題にする。解釈は建築においても重要なことは明らかである。建築家は施主の考え方や一連の必要条件、規制、図面、敷地を解釈する。さらに建築家が生み出したその応答も解釈として見なすことができるだろう。これらの項目はそれ自体がある種の条件についての解釈である。建物のデザインは一連の必要条件、要請、社会的条件、物理的条件などを解釈したものであるといえる。さらに建物は、そこで解釈や批評が行われる場所でもある。エイドリアン・スノッドグラスと共同で執筆した拙著『建築における解釈』(Snodgrass and Coyne, 2006) では、解釈というテーマを建築の分野で考察した。そして解釈が至るところにあることや、デザインも解釈と見なすことができることを示した。

デリダは建築に関わる以前から、解釈という問題に取り組んでいた。あるいは少なくとも、普遍的な人間の活動として解釈を捉える主要な論者の一人である、ハンス=ゲオルク・ガダマー (Gadamer, 1975〔邦訳書あり〕) との議論に加わっていた。解釈についての研究に対して一般的に用いられている語は「解釈学 (hermeneutics)」である。現象学やハイデガーと一緒に並べられる場合、ガダマーは「穏健な解釈学」の論者とされることがある (Gallagher, 1992)。ガダマーの理論の基本は、本を読んでそれを理解しようとしたり、芸術作品を鑑賞したり、音楽作品を評価したりするといったあらゆる解釈の状況において、われわれは期待を抱くようになるというものである。このような期待やその投影は、われわれの個人的な来歴、コミュニティ内の価値観や規範、それ以前の経験などに由来する。そしてそれらの期待・投影なしには、われわれは何も解釈することはできないとされる。新しい建物に初めて遭遇した場合、ひとは建築の解釈者として何らかの経験を期待する。そして当然その期待に沿うことはほとんどなく、それゆえに期待はその遭遇を反映して適合されることになる。このような適合が、あらゆる解釈の状況の内部における往来運動、ゲーム、戯れを構成している。少なくともこれこそが開かれた、自由な、そして巻き込まれた解釈である。どのような解釈的な遭遇においても、鑑賞者あるいは参加者は変容を被る。期待の地平は変化し、その結果として、鑑賞者や参加者はおそらく新しいさまざまな期待を伴って、次の解釈的な遭遇へと進もうとする。解釈は習得、教育、啓蒙といった個人の変容のプロセスでもある。このようなプロセスについては、前章で閾という文脈において言及した。解釈者と旅行者（あるいは巡礼者）の役割は似たようなものとなる。解釈はテクストへ入り込み、変容して戻って来るということを含んでいる。

デリダを位置づけるための知的分布図・情勢に本書がこれまで与えてきた特徴づけは、哲学者ショーン・ギャラガーによる解釈理論の分野についての鋭い記述に多くを負っている（Gallagher, 1992）。ギャラガーによれば、そこには四つの知の地帯が存在する。前節で追跡したように、保守主義の地帯、批判理論の地帯、穏健派の地帯、ラディカル派の地帯である。これらの地帯は解釈に関する四つの見解に大まかに対応している。ガダマーの穏健な解釈学は、保守主義的な見解とは対照的である。この保守主義的な見解とは、文学、芸術、建築の目的は意味を保守しつつ伝達していくというものである（Betti, 1990）。したがって保守主義的な見解によれば、解釈が本当に暴露したり発見したりする真実は、何らかのかたちで固定化されている真実である。芸術の場合、これに典型的に含まれるのはおそらく、最初に作品を創造しているときの芸術家や作者の意図を探求することである。芸術作品を解釈するという問題を最終的に裁定するのは、当の芸術家がその作品によって意図しているものである。例えば歴史的な作品の場合は、このような作者の意図を明らかにするような形跡を比較・検査することなどであり、さらに当然、そのような意図の形跡を議論することも含まれる。またこのような見方は、ルネ・デカルトによって概略が示されたような理性原則を奨励するものでもある。その理性原則とは、あらゆる哲学的問題（あるいは解釈的な状況）に対して明晰な精神をもって、すなわち、先入見をもたずにアプローチする必要があるということである（Descartes, 1968［邦訳書あり］）。このような保守主義的なアプローチが示唆しているのは、テクストや芸術作品、建物と鑑賞者が直接的に接触できるということである。あるいは鑑賞状況とは無関係な対象の本質へ、そしてそこで明らかにされるべき基礎的なものへアクセスできるということである。

ガダマーの見解は保守主義的な解釈学に対立する。すなわち、以上のような本質や意図といったものは悪名高くも説明を逃れてしまうとする。どんな場合でも芸術作品の意味とは、今日のわれわれにとっての意味であり、またそれが受け取られる文脈における意味なのである。ひとつの解釈コミュニティの内部にとどまる解釈者たちが主張するようなものを除けば、芸術作品が意味するものに関して最終的な権威をもつものなど存在しないのである。複数の会話好きコミュニティを通じた解釈のプロセスやそこからの派生は決して終わることがない。個人やコミュニティはたえず再解釈し、自分やお互いの解釈に異議を挟み、自らの信条を説明するための新しい解釈行為や新しい方法を作り出す。さらにコミュニティ同士はまるでお互いの地平が融合するかのように相互に作用しあう。例えばエリートによる芸術組織の価値観がストリート・カルチャーと出会い、その結果としてストリートにも精通した新しいエリートが生まれる場合がある。この新しいエリートとは、グラフィティ・アーティストやユーチューブ・クリエイター、フラッシュ・モブの主導者などである。コミュニティにはさまざまな形態がある。これには会話中の二人、小さな友人グループ、ソーシャル・ネットワーク、派閥、芸術運動、政党グループ、特殊な利益団体、業界、同業者、さらには王立英国建築家協会（RIBA）、王立スコットランド建築家協会（RIAS）、王立オーストラリア建築家協会（RAIA）といった正式な職能コミュニティ、さらにもちろん建築学校などがある。

グラフィティアート展（カルティエ現代美術財団、ジャン・ヌーヴェル設計、パリ）

●ラディカルな解釈学

ラディカル派の多くは、根本的に異なるグループ同士が解釈学的な遭遇を果たして生まれてきたものである。しかしデリダは、以上の穏健派の見解からも離れて第四の知的立場を形成するに至った。この第四の立場は、哲学者ジョン・カプートが「ラディカル解釈学」と見なすものである。デリダとガダマーの違いは一連の議論のなかではっきりとした（Michelfelder and Palmer, 1989）。デリダにとっては、解釈コミュニティなるものが過剰な馴れあいに感じられ、解釈に関与する人々の善意にあまりに依存し過ぎていると感じられたのである。このような気さくな関係がつねに想定できるわけではない。さらに解釈者を動かすのは期待だけではない。穏健派の解釈学のメタファーはつねに前向きであり、期待に満ちており、自分自身を前進させるものである。デリダの主張によれば、状況がいつもこのようにわれわれの前に現れるわけではなく、いわばまるで背後からわれわれを驚かすようなこともある。これこそがデリダの生涯についてのドキュメンタリー映画の冒頭で、デリダが提起したものだった。「私にとってそれこそが本当の未来であって、それは予測不可能なものなのです、それは私が待ち構えることができないままにやって来る他者なのです」（Dick and Ziering Kofman, 2002）。このやりとりでも示唆されているように、そしてカプートも推察しているように、デリダのラディカルな解釈学が注意を向けるのは驚きという要素であり、われわれの地平の骨組みが裂けるときであり、コミュニティの機能が中断するときである。

この点では「批判的解釈学」との類似点も見られる。新マルクス主義の立場は解釈の標的に焦点を当てる。取り組む価値のあるすべての解釈の課題は、階級搾取やヘゲモニーを解釈の状況において暴露することを要求する。そのようにして新マルクス主義がある公営住宅プロジェクトを検討・批判する場合には、すなわちそれを解釈する場合には、そこに資本主義の支配や人々を包摂すると同時に疎外する手段、そこで作用している都市政策などを探し求めるだろう。ポール・リクールによれば、これは疑念の解釈学である（Ricoeur, 1970［邦訳書あり］）。

しかしながらラディカル派の立場は考え方を逆転させて、実践に関して確かとされるものや既存のモデルを動揺させようとする。第1章で概説したように、このような観点からシュルレアリスムやその子孫を考えることができる。これらはオブジェクトやアイデア、主張をその通常の文脈から引き離して、新しい文脈へ投げ入れる。建築はスタジオにおける多くの試行錯誤を繰り返すが、これがラディカルなデザインの推進力となっている。例えばコープ・ヒンメルブラウ事務所の所員たちが自分たちのデジタル・ポートレイトを新しい都市のためのデザインのヒントとして用いたり、チュミが「役に立たない」のにコストのかかるフォリーをラ・ヴィレット公園における建築的提案の核として発展させたりといったことがある。これらの試みは、進行中のプロセスやその結果、レトリックにおける、またいくつかの場合に展開されている実践モデルにおける、ラディカルなものとして考えることができる。

知的情勢におけるラディカルな知性主義は、デリダが独占する領分というわけではない。そこにはジャック・ラカン（1901–1981）、ジル・ドゥルーズ（1925–1995）、ミシェル・セール（1930–2019）、その他建築に影響を与えた思想家たちを加えることができる。

●制　度

本章の冒頭で述べたように、デリダは論文「アーカイヴの病」のなかで保守主義というテーマについて、あるいは少なくとも保守したいという衝動について語っている（Derrida and Prenowitz, 1995［邦訳書あり］）。この論文はもともとロンドンのフロイト・アーカイヴスにおける講義として発表されたものであった。周知のようにフロイトは想起や回想、失われた記憶の回復といった現象を重視していた。それゆえにデリダはアーカイヴというテーマを、フロイトに関する間テクスト的な連想や結びつけの中心に据えたのである。なかでも特に注目されているのは、アーカイヴという概念における明白な矛盾である。デリダによれば、アーカイヴは「革命的にして伝統的である」（ibid., p. 12［前掲書、一〇頁］）。

その帰結として、われわれはアーカイヴ化を許可し条件づける当のものの中に、碑（monument）の核心に、ア・プリオリに忘却とアーカイヴ-原-暴力的なもの（archiviolithic）を導入しつつ破壊へと、そして本当に破壊の脅威へと曝すもの以外のものを、決して見出さないだろう。「暗記」

においてさえ。アーカイヴはつねに、そしてア・プリオリに、それ自身に反して働く。(ibid., p. 14〔前掲書、一八頁〕)

アーカイヴのうちに矛盾を見出す鍵のひとつとして注記しておくべきは、われわれが物事をしまっておく目的が、それらを覚えておく必要からわれわれを解放することだということである。物事を書き記しておくのは記憶しておくためではなく、自らに忘れる資格を与えるためなのである。記憶という内的活動はある種の記憶代用物としての外的媒体に置き移される。デリダの論文の注釈者の一人が説明するように、アーカイヴを作りたいという衝動は「保管の病――代用物への書き込み――であると同時に破壊の病――代用物への書き捨て――でもある」(Lawlor, 1998, pp. 796–798)。快感原則や死の衝動というフロイトの概念に依拠しながらデリダが主張するように、アーカイヴは情報を個人の範囲内における利用や啓蒙のために保護したいという欲求を含んでいる。これは情報を他人の利益のために外部へ公開する必要性とは対照的である。保守するためには実際、保守したいと望むものを外部の世界へ曝すことによって破壊せざるを得ない。

しかし建築的な考え方と最も共鳴するのはここにおいても再び、デリダが巧みに立ち戻る間テクスト性という優れた戦略である。すなわち、表向きは似ても似つかないキーワードや参照項を結びつけている点である。デリダはすでに制度についてのアイデアをテクストの領域に持ち込んでいた。結局のところアーカイヴとは、書類の山や束以外の何物であろうか？ しかしながら建築との結びつきはまだある。デリダによれば、「アーカイヴ」という語はもともとギリシア語やラテン語において、上級事務職に就く者の住居や住まいを指し示すために用いられていた。すでに第3章で見たとおり、「archi」という接頭語は、棟梁としての「architect（建築家）」の場合のように、最上位の権威に関係する。さらにこの語は規則や秩序、法を示す語である「arche（arkhe）」にも関係する。以上が、問題含みの矛盾をはらんだテーマとして保守主義を論じるデリダの論法のひとつである。この場合、保守主義はテクスト、制度、建物に関係している。

保守派、穏健派、批判派、ラディカル派といった先ほどの知的分布図に立ち戻ってみよう。制度について論じるラディカル派の根本を支配しているのは、まず間違いなく規則に対して否定的な態度（反規則 an-arche）である。そしてこれは当然、「アナーキテクチャー（反建築 anarchitecture）」としての建築との示唆的な言葉上の結びつきを想起させるだろう（Evans, 1970）。アナーキストは実に単純に制度の消滅を主張するだけであった。著名なアナーキストであるピョートル・クロポトキン（1842-1921）は一九世紀に、自由とは「古い制度と古い迷信の崩壊と瓦解」から生まれてくるべきものであると宣告した(Kropotkin and Shatz, 1995［邦訳書あり］)。万人の平等性と公平性は「議会の法律によってもたらされるものではなく、ただ万人の福祉を保証するために必要な一切のものを直接かつ実際に占有して初めてもたらされるものである」という（ibid., p. 23［前掲書、四六頁、原書に基づき訳文変更〕)。この答えはコミュニズムのうちに存するのだが、それは「政府なきコミュニズム――自由のコミュニズム」である。希望は「相互合意」の確立と目的の共有のうちにあるとされ、これらが法にとって代わる自己統制の手段となる。

デリダは制度をこのように軽視することは全くない。デリダの制度理念のひとつに国際哲学コレージュ(Ciph)というものがある。これは中等学校における哲学教育の継続を促すための制度として、デリダが一九八三年に共同設立したものである。デリダはこの制度や他の制度の性格について、一九八〇年代初頭にコーネル大学での講演において詳説している。デリダは思考が知識よりも優位にあると語り、大学が「〈思索〉の共同体」としての自らの役割を維持することを主張した。ヘーゲルやハイデガーが思考を称揚したように、デリダにとっても思考は「技術にも科学にも哲学にも還元されない…次元」なのである(Derrida, 1983, p. 16〔邦訳書、一六四~一六五頁〕[1])。

今や理性は思考の一種に過ぎないものとなっています――それは思考が「非理性的である」ということではありません。私のいう共同体は、根拠と根拠律との本質、基礎的なもの、原理的なもの、根源的なもの、アルケー一般といった諸価値をも問うことになるでしょうし、またその問いからすべての可能的な帰結を引き出そうと試みるでしょう。そのような思索が、言葉の伝統的な意味での共同体を形成したり、制度を創始したりできるかどうかはわかりません。むしろこの思索は、共同体や制度と名づけられているものをさえ再考しなければならない、といったほうがよいでしょう。それはまた、合目的化する理性のあらゆる奸計と、利害関心を離れているように見える研究があらゆる種類の計画によって間接的に再び我がものとされ、再び包囲されたものになりうる過程とを暴露しなければならないのです……（ibid., p. 16〔前掲書、一六四頁、原書に基づき一部訳文変更〕）

デリダがここで主張しているのは「二重の所作」である。すなわち一方では「専門的能力と厳格さ」を固守しつつ、他方では「大学を基礎づけているものについての最も深淵的な思索を、理論的かつ実践的にできる限り遠くまで推し進めていく」ような所作である。大学は「深淵に対しては柵を、柵に対しては深淵を」論じなければならない（ibid., p. 17〔前掲書、一六七頁〕）。ラディカリズムがリスキーであるのは、社会の混乱や制度の破壊へ行き着くかもしれないという点においてではなく、それ自身が規範となってしまう点においてである。この場合リスクとは、このようなラディカルさが適正化されて終わってしまうことである。すなわち、正しい思考方法として制度化されてしまうことである。制度の課題とはこのようなリスクを把握することである。

私が今〈思索〉と呼んだものもまた、何らかの状況においてそれに利益を見出すかもしれない社会的–政治的勢力によって、再び我がものとされる危険に晒されています（とはいえ、この危険は不可避的なものだと思われますし、それは未来そのものに属する危険だといえましょう)。
(ibid., p. 17〔前掲書、一六七頁〕)

ジョン・カプートがデリダの議論を詳説しながら述べているのは、制度の役割に対するデリダのアプローチが転覆的ではあるものの、非理性的なものではないということである(Caputo, 1987, p. 234)。カプートはデリダの洞察を「二重の所作」と言い換えている。これは専門的能力や厳格さと専門職の基礎の転覆が組み合わさったものである。「制度とは物事が行われる方法であり、暴力的なものになりがちである。……潔白なものは何もない」(ibid., p. 234)。カプートによれば、デリダによる理性の解放とは、基礎、原理、その他の「形而上学的偏見」に頼る必要から理性を解放することである。デリダが望むのは理性を記述し直すことであって、「破棄する」ことではない(ibid., pp. 209–210)。

他のラディカル派の思想家たちと同じようにデリダが提唱しているのは、制度の生態における未決定なものに注意を払うことである。カール・マルクスは資本主義に反対したわけではなく、そのうちにそれ自身の崩壊の萌芽を見出したのである(Marx, 1977)。同じようにドゥルーズやガタリといった思想家が考えているのは、制度がそれ自身の転覆へ向かう内側からの力を内包しているということである。制度は市民社会の必然的な構造であり、幹が他の部分を支えるツリー・ヒエラルキー状のものである。しかしながら同時に制度は、突如としてリゾーム(根茎)状に侵食されやすい。そしてこの侵入者が構築された構造に寄生するのである。リゾームは内部から成長して建物を転覆させる（Deleuze and Guattari, 1988, p. 15〔邦訳書、四〇頁〕）デリダも同意するように、制度には内側から自らの機能や権威をかき乱す傾向があり、この傾向こそ維持される必要のある性質である。

●行動主義とラディカルな建築実践

デリダのラディカルさを、建築においてラディカルであると考えられるものにどのように結びつけられるだろうか？　マイルズ・グレンディニングによるモダニズムの批判的歴史によれば、デコンストラクション建築は一九二〇年代の表現主義を真似たものであるが、ただしそこには「ギザギザ状の飛び散った『断片』に、切断された直線やねじれ絡まった平面が入り混じったアナーキー」が見て取れる。（Glendinning, 2010, p. 61）。明らかなことだが、デリダの寄与は、ラディカルなかたち・形態の創造や慣習的な建築形態の置き換えに対してではなく、むしろ建築の制度についてのラディカルな理解に対するものである。一九八〇～九〇年代における建築分野のデリダ受容やデリダとアイゼンマンの出会いに関して、制度という観点からラディカルなものはほとんどないように思われる。

アナーキズムのひとつのヴァリエーションとして行動主義というものがある。この行動主義は制度へのラディカルなアプローチの基盤を主張してきたように思われる。ただしこのアプローチは主としてその制度の外側からのものであった。行動主義には多くのかたちがあるが、その際立った点は国家

行動主義とアナーキー。G8 路上抗議運動（イギリス・エディンバラ、2007 年）

パロディ風広告。宣伝ポスター（ドイツ・ミュンヘン）

政治構造の外側で働くような社会改革への戦略的アプローチである。行動主義は抗議運動や抵抗、革命のさらに先を行く。『行動主義者の手引き』によれば、「今日の行動主義者は戦略や作戦を立てて、変化のキャンペーンに勝利する」（Shaw, 2001, p. 2）。行動主義者は、まさに彼らが改革しようとする道具そのものを利用する。このような戦略が浮き彫りになるのは、広告やマスメディアとの関係においてである。それは「カルチャー・ジャム」として説明されることもあり、商業広告戦略を資本主義そのものに背くように利用するというものである。コメンテーター・ジャーナリストのナオミ・クラインは次のように述べている。「最も洗練されたカルチャー・ジャムとは自立完結のパロディーではなく、横取りである――それはカウンター・メッセージであり、ある会社の固有のコミュニケーション手段を乗っ取り、意図されたものとは全く逆のメッセージを送信する」。このプロセスによって、標的となった会社は広告の撤去という代償を払わなければならなくなり、言い換えれば、「自分自身の転覆というつけを払わ」なければならなくなる（Klein, 2005, p. 281〔邦訳書、二七〇頁、原書に基づき訳文変更〕）。もちろん広告が転覆の文化を利用することもある。「自分たちにもっともらしく語りかけてくる広告やストリート・プロモーターに飼いならされることはあり得ないという反逆者など存在しない。」（ibid., p. 300〔前掲書、二八七頁、原書に基づき訳文変更〕）。非常に洗練された行動主義はひとつの意図的な試みであり、運動とその反対運動のらせんにおける自らの位置を自覚している。そしてマスメディアやニュース報道といったリソースに加えて、「口コミ」技術やイベント、フラッシュ・モブを用いつつ、オンライン・ソーシャル・ネットワークや手元にあるメディアなら何でも動員して、行動と意見を広めようとする。

建築は長らくこのような動きに加わってきた。例えば建築家ラルフ・アースキン（1914–2005）らの、公営住宅プロジェクトにおけるユーザー参加などが考えられるだろう。『都市行動』はこのテーマをよみがえらせてラディカルに捉え直した本であり、都市行動主義が「ラディカルな対置や批判からもっと建設的で提案を含んだ行動や日常生活に根付いたものまで、さまざまな形態をとり得る」と説明している（PEVRAV, 2008, p. 11）。この本のなかで概説されている参加型やコミュニティ志向の設計プロジェクトは、「都市への新しいアプローチがもつ創造性と批判性」を主張することによって、「アカデミズム、専門職、芸術、政治などのいずれの実践」にも異議を唱えようとしている。このアプローチは必然的に混成的なものとなり、「多様な観点や行動様式を反映する」のである。そしてこのようなラディカルな実践は、芸術家、メディア活動家、関連組織、ソフトウェアデザイナーなどを結集させる。この同盟によって目指されているのは、専門的な知識を大衆化させるために、建築家や都市計画家、教育者を混成チームへの参加者として示すことである。彼らはもはや権威的な役割を担う特権的な専門家ではない。

さらに都市行動主義の関心や戦略は、普遍的というよりもむしろローカルであり、全世界に適用できる問題解決策よりもむしろ特殊な問題を扱う。このようなグループの強みは、「非常に特殊であり、伝統的な職権構造には（その非特殊的な機能のゆえに）不可能であるような仕方で、使用や実践を考え直すことができる」という点にある。ローカルな文脈に取り組もうとしない専門家は、グローバル・インターナショナルではなく「ローカルの外にいる」者として特徴づけられる。このようなアプローチと対照的なのは、意図としては良いが、システムのスケールが過大なアプローチである。これは一九七〇年代のシンクタンク「ローマ・クラブ」の設立者たちのアプローチであり、人口増加を「人類の危機」として攻撃したものである（Meadows et al., 1972［邦訳書あり］）。いうまでもなく現代の行動主義における強調点は、建物や建築よりもむしろ都市に関するものや都市介入のほうにある。建物の設計や建設は、行動主義者の介入を受けた結果となるかもしれないし、ならないかもしれない。その主張は、このような都市への実践が「〈戦略的〉〈状況依存的〉〈行動的〉なものであり、柔軟な専門家や芸術家のスキルと流動的な市民組織に基づくものであること、そしてこれらのスキルや組織は批判的、反動的、創造的な都市状況の変化に対応して現実の変化を生み出すことができる」ということである（PEVRAV, 2008, p. 11）。

こうしたプロジェクトにはおそらく都市内部のエリアにおける農場の設立、コミュニティ・センターやイベントの企画、パブリック・アート作品、新しい都市施設を作るための資材リサイクル・システムなどが含まれるだろう。しかし最も興味深いのはそのプロセスである。すなわち、周縁的なグループが自らの環境形成に関してものをいう権利が与えられ、さまざまな利害関係者を結集させて権威構造と交渉するというプロセスである。それは一種の抗議運動のようなものであり、理論家・行動主義者ブライアン・ホルメスの言葉を借りれば「多国籍の企業や制度がもつ弾圧的で威圧的な秩序」に反対した一九六〇年代のデモが発端である（Holmes, 2008, p. 302）。新しいかたちとしては、インターネットによるコミュニケーションの助けを借りた転覆騒ぎがある。この騒ぎは、全世界的なスケールで「自分たちでやる地政学」を組織化することができるようになる。このような例として世界中の指導者たちによる会議（G８サミット）に合わせて予定されたラディカルな抗議運動がある。

このような戦略における理論的拠り所は、本質的にシチュアシオニストによる都市活動（de Zegher and Wigley, 2001）や社会学者ミシェル・ド・セルトーの『日常的実践のポイエティーク』（de

Certeau, 1984）に加えて、フーコーやアンリ・ルフェーヴル、ドゥルーズ、ガタリなどの著作にも求められる。ドゥルーズとガタリはリゾーム的介入を主張するだけでなく、普遍的なものに対して個別的なものや特殊的なものを擁護し、そのような戦略をノマド、地層同士のずれ、逃走する機械、器官なき身体、寄生、精神分裂病といった分裂に関するメタファーを用いて提示している（Deleuze and Guattari, 1988；Ballantyne, 2007）。デリダがこのような参照リストの末端に位置することだけは明らかである。しかしながら制度や言語に対するデリダのアプローチが、都市行動主義にとって直接的な関連をもっているにしても、前章で提示したようにせいぜい考えられるのは、もしデリダが行動主義的な傾向をもつ建築家たちとチームを組んだならば、ラ・ヴィレット公園プロジェクトや建築分野における脱構築の名声はどうなっていただろうかということくらいである。

ある種の特権化された対置やヒエラルキーを反転させようとしているという点で、行動主義が興じているゲームは言語的なものであり、それゆえにデリダ派の分析による説明や批評の対象となる。ただ一人の専門家をグループに置き換えること、トップダウン型の指令をボトムアップ型の権威譲渡に置き換えること、普遍的なものを特殊的なものに置き換えることは言語的な戦略である。何らかの行動とも相関するこのような言語的な戦略は、デリダがパロール／エクリチュールを特徴づけるときに語っていた特権化という罠にはまってしまうこともある。ボトムアップ型の行動主義は、すでに権威的な核を暗黙裡に前提している。すなわち、直接性や参加という部族的かつある意味で自然な序列を前提しているのである。行動主義において問題が生じるのは「現実の変化」についての主張に関してである（PEVRAV, 2008, p. 11）。それはまるで人々が自分たちの求めているものはなにか、そして自分たちはそれをどんなものに変えたいかということを知ることができ、一致することができるかのようなのである。行動主義は自らが休みなき状態にとどまるかぎりで、デリダ派の分析から賛同を得られる。行動主義が自らの動機あるいはその大義の自明性に関して無頓着であるかぎり、行動主義は、少なくともデリダの観点からすれば、そのラディカルさへの主張を放棄していることになる。

したがってラディカリズムへのデリダの要求は、アポリアの不可避性、問題含みのもの、非決定性という休みなき状態を受諾することを含意している。このような受け入れが意味しているのは、何もしないというある種のものぐさニヒリズムではなく、対話と行動を継続していくことの必要性である。このような行動が万人にとっての正義、周縁化された者への権威譲渡、資源の公正な配分、核となる価値観、利害関係者同士の同意といった理念に頼る場合、その理念は移りゆく核となってしまう。

●ラディカルな教育

教育は、さまざまな経路を通じて、都市行動主義の探求と結びつくことも、逆にデリダ派のラディカリズムとも結びつくことができる。多くの点で大学は、建築も含めた実践のためのモデルを提供している。大学が多くの専門職に就くための入り口を提供しているように、大学が専門活動の普及と永続化に対する責任を担っていると考えたくなるだろう。いうまでもなく大学は実践へ応答するものであると同時に、在野の実践や要望に対立するときもある。

一九八〇年代はデリダの脱構築が文学研究に持ち込まれた時期である。文学に対するデリダのアプローチや彼の文体が、形而上学に関するその哲学的帰結と同程度の関心を集めていた。文学研究は主としてアカデミーの主要な仕事である。それゆえ脱構築は教育方法に関連づけられる（Atkins and Johnson, 1985 ; Johnson, 1985 ; Ulmer, 1985 ; Zavarzadeh and Morton, 1986–1987）。教育哲学者グレゴリー・ウルマーは、政治的行動主義にも共鳴するような観点からラディカルな教育を説明している。ラディカルな脱構築的教育とは、「かつては教会にとっての謝肉祭だったものであり、今日の科学にとってそのようであるもの」である（Ulmer, 1985, p. 61）。「カリキュラムという観点から謝肉祭の無礼講を捉え直すならば、それは学問の〈序列〉の逆転を意味する」。ウルマーによれば、ある学問への新参者はたいてい長い時間を経たあとでようやく、その学問の権威に対し不信や疑問を抱いたり、またはその学問がさらされている脅威に気づいたり、その権威に無言の異議を抱いたりするようになる。「あらゆる学問分野の内部の〈ミステリー〉とはその秩序や一貫性ではなく、その無秩序、非一貫性、恣意性である」（ibid., pp. 61–62）。ウルマーの考えでは、ラディカルな教育によって学生は専門家としてのスタートを早く切れるようになるという。そしてその学問の基礎となっていて絶対的とされているものと、この基礎の暫定性や脆さを直視できるようになるのである。

本書を通じて示してきたことだが、建築学校の設計スタジオは、試行錯誤とラディカルな挑戦という役割を担うことができる。そして今度はこのラディカルな挑戦が職業実践に波及する。保守主義や制約、ばらつきといったあらゆる欠点にもかかわらず、制度としての大学やカレッジは、デリダが主張したラディカルな思考のための場所となり得るのである。そしてまず間違いなく、このような場所となり得るポテンシャルこそが、ベルナール・チュミやピーター・アイゼンマンによるアカデミック教育、エクリチュール、建築実践を通じて、デリダを最初に建築へ招いたものであった。デリダが関わりをもった建築家たちは、実務家であると同時に教育者でもあった。設計スタジオはつねに戯れの場所だったのであり、これは初期バウハウスの教育アプローチにも見て取ることができる。しかし同時に設計スタジオがなににもまして証明しているのは、ラディカルな脱構築的教育がアナーキーからは全くかけ離れたものであり得るということである。

さて脱構築にとっての本当の危険は、脱構築そのものの言説の内部で制度化されてきた。デリダにとっての問題は規範化という脅威である。脱構築的でアナーキーあるいは行動主義的な設計スタジオは、もしそれが規範に変わるならば、どのようなものになってしまうだろうか？ ギャラガーによれば、「普通とは違う拮抗的な言説を教えようとするあらゆる試みは、その言説を規範化して確立した学科へと変えてしまうことがあり得る」(Gallagher, 1992, p. 313)。デリダにとって最も恐るべきは、脱構築が保守主義に利用されることである。脱構築が築き上げてしまう難局とは、ラディカルなプロジェクト全体それ自体が「社会的—政治的勢力」に利用され、あるいは「階層制度を再生産」してしまうということである（Derrida, 1983, pp. 17, 18［邦訳書、一六七～一七一頁］）。すでに見たように、デリダはこのようなリスクが避けられるものではないと考えている。「それは未来そのものに属する危険」なのである（ibid., p. 17［前掲書、一六七頁］）。

●ラディカルなメディア

現代の行動主義の手法のひとつとして、特に携帯電話ネットワークやインターネットといった新しいメディアを利用して、ボトムアップ型のアクションを普及・結集させるというものがある。最初期のインターネットの社会的利用としては、一九八五年に創設された自立的オンライン掲示板のWELL（the Whole Earth, Lectronic Link）などがある（Rheingold, 1993［邦訳書あり］）。最近では携帯電話ネットワークが大規模な集団抗議行動における重要な役割を果たしている（Rafael, 2006）。つまるところ電子メディアが支えているのは新しいさまざまなアクセスであり、ユーザーによる高度に分散したアーカイヴである。

コミュニケーションにおける以上のような発展に並行しているのがハイパーテクストの誕生である。これは文章同士の相互リンクであり、ウェブページ間を相互に結びつけるものである。ハイパーテクストはテクストをラディカルに脱中心化することであり、すなわち、オーサリングとドキュメンテーションを表していると考える論者もいる。ジョージ・ランドウはこの観点から文学を捉えることを主張する一人である。「ハイパーテクストとは、伝統的な書かれたテクストがもつ直線的で境界づけられ固定化されているという特質を克服するためのコンピュータ使用と定義することができる」(Landow, 1994 ; Landow and Delany, 1994, p. 3)。このようにハイパーテクスト的な文章とは、それ自身の内部や他のドキュメントとのクロスリンクや相互リンクであり、それによって読者はテクストが作り上げた思考の道筋を辿っていくことができ、さらにはコメントや注釈をつけることもでき、今度はこれらのコメントや注釈が共有されたりハイパーリンクにされたりするのである。

これこそワールド・ワイド・ウェブの二一世紀の姿であり、特にウィキペディアといったようなウェブ二・〇サービスにおいて示されているものである。ただしウィキペディアはリンクよりもむしろ検索のほうに特徴がある。ウィキペディアは必然的に高度に構造化・ツール化されており、タグやブックマーク、履歴といった機能の他に、ナヴィゲーションや検索を容易にしたり、まさに正真正銘のアーカイヴであるエンサイクロペディアの項目を典拠にして、その信憑性を高めたりするような仕組みも備えている。いわゆる市民ジャーナリズムも、ユーザーによるブログやコメントが爆発的に増えていることもあって、同じように検索データベースに基づいている。この検索データベースは、テンプレートに基づいて体裁が整えられたページとして表示される項目が呼び出されるようになっている。ハイパーテクストの理念とは逆に、読者は組織化されていない草の根的な自由形式のテクストを望んでいるのではないのかもしれない。ハイパーテクストによるリンク付けの大部分にとって代わって、少なくとも実践の場においては、インデックスと検索を用いて極端なほどに高速化された保存、アクセス、書式設定の操作が至るところにみられる。そしてこうしたインデックスや検索は、とりわけグーグルのような検索エンジンによって、世界規模で可能になっている。ハイパーテクストはインターネット上に書かれるありとあらゆる膨大な量がインデックス化されたアーカイヴとなっている。ハイパーテクストは、間テクスト性よりもアーカイヴの概念とより多くの共通点を持っているように思われる。

しかしながら何人かの文学理論家たちは、ハイパーテクストをテクストやエクリチュールについてのデリダの理解と結びつけることに熱中している。前章で追跡したように、バーバラ・ジョンソンは、自ら論じているテクストへのデリダのアプローチを「間テクスト性」という比喩を通じて説明している。第3章で見たように、プラトンの『パイドロス』をパルマコン（薬）という概念を通じて説明するとき、デリダは連想の鎖を介して自らの議論を組み立てている。そして薬、毒薬、化粧、魔術師、スケープゴートといったこの連想の多くは、読者が『パイドロス』というテクストにおける正しい意味として考えるようなものを逸脱している。その記述を通して、デリダは無尽蔵にも思えるほどの膨大な引用をしているが、それらはただ説明のためのものに過ぎないのではない。これらの繊細できわめて正確な探求は、核あるいは本質の追及や著者の無意識の探査といったような、テクストのより深い読解の探求を前提としているのではない（Johnson, 1981）。その分析は表層のレベルで行われており、あるいは少なくとも深層の読解という考え方を問題視している。すでに見たように、間テクスト性はデリダのスタイルを説明する便利な比喩である。そしてまた建築的エクリチュールを含むある種の実験的なエクリチュール活動と共鳴するもののひとつなのである（Martin, 1990）。

間テクスト性というデリダの概念は、ハイパーテクストに関する最初期の主張に通じていないわけではない。ランドウによれば、「ハイパーテクストが生み出すのは、ほとんど恥ずかしいくらい字義通りにこのような考え方を体現しているものである」（Landow and Delany, 1994, p. 6）。いうまでもなく、ハイパーテクスト性の主張が初源的で真正なコミュニケーション実践のようなものに依拠するならば、デリダによる批判の標的となってしまうだろう。例えば文学理論家ジェイ・ボルターは、もしアリストテレスやプラトンのオリジナルなテクストがハイパーテクストのかたちに翻訳されたならば、これらのテクストに何らかの「それらの本来の会話調」が取り戻されることが可能であると主張している（Landow and Delany, 1994, p. 116）。この主張によれば、ハイパーテクストがわれわれを会話やパロールへ連れ戻してくれるということになる。そしてこのような会話やパロールは結局のところ、思考をエクリチュールや印刷へ委ねる直線的で距離を隔てた抑制プロセスよりも、真正な意味で人間的なものとされている。ハイパーテクストについてデリダ流に批評することでわかるのは、ハイパーテクストという運動が真正なコミュニケーションというキメラに加担しているということであり、すなわち、形而上学に加担しているということである。

さらに新しいメディアのラディカルな活用は、贈与社会の持つラディカルな特性を通じて、創造や発明を大衆化させていく。この贈与社会についてもデリダは論じている。よく知られたことだが、オンライン・コミュニティ内の人々は積極的にアイデアやデータ、テクスト、ソフトウェアを改良して提供しようとする。そしてその際に、すぐさま報酬や見返りを期待していないように見える。デジタル経済のこのような側面は設計の観点からも論じられている（Coyne, 2005）。ここでは贈与という概念が人類学で頻繁に関心を集めているということを指摘しておけば十分である（Mauss, 1990〔邦訳書あり〕）。そしてデリダもこの概念を『時間を与える〈一〉偽金』（一九九二年）と題された著作のなかで論じている。この著作でデリダが贈与というテーマを探求するのに用いているのは、シャルル・ボードレールの短編小説である。この短編小説は、二人の紳士と一人の路上の物乞いのあいだで交わされた、一見単純なやりとりの話である。一人の紳士がもう一人の紳士よりも多い施しを与えたが、しかし物乞いはその分だけ不幸者になってしまうかもしれないというものである。というのも高額な貨幣のほうは実は偽金だったからである。もし物乞いがこの偽金を食べ物に代えようとしたならば、揉め事に巻き込まれてしまう。このような贈与の例はさまざまな差異を詳述するために役に立つものである。とりわけ本物／まがい物、正しい行為／不正な行為といったものに対してである。デリダにとって贈与とはこのように特有の問題をはらむものであり、さまざまな相容れない差異を提示する。そして同時にそのようなものとして贈与は、コミュニケーション、言語、交易、社会全般を理解するためのモデルを提供している。寛容さ、利他主義、権威なき自己組織化、ボトムアップ型の目的共有、建築行動主義といったものには、本物の行為とまがい物の行為という問題がしみ込んでいるのである。

アーカイヴについてのデリダによる考察に戻ろう。デリダは今や可能となったコミュニケーションの速さを自覚していた。例えば電子メールは郵便サービスよりもはるかに迅速である。しかし電子メールはさらに重要な理由から特権化されるのである。

> 電子メールは今日、ファックスより以上に、人類の公的・私的空間全体を、何よりも私生活や秘密（私的であれ公的であれ）や、公的なものや現象的なものの間の境界を、変えようとしている……（Derrida and Prenowitz, 1995, p. 17〔邦訳書、二七頁〕）

このように即時性が高まっていくことによって、人々がお互いにもっと近づいたり、まるで話しているかのようにより真正な相互コミュニケーションをとれるようになったりすると考えてはならない。その理由として想起すべきは、即時性が以上のようなことを上回る別の効果を持っているということである。アーカイヴ論文のレビューのなかで、ローラーはデリダを次のように要約している。「速度の上昇にもかかわらず電子メールは脱人間化という作用を持つ。それはやはり痕跡であり、無限に反復される可能性がある。反復可能性は文章をあらゆる個々人の生からつねにずらし、それをさらに遠くへ、他者へ送る」(Lawlor, 1998, p. 798)。現代の文字社会が相互の結びつき、あらゆるものへのアクセス、会話の直接性の保持などにどれほどの価値を置いているとしても、データとは結局のところ、保管、アクセス、複製、伝送といったアーカイヴの条件に左右されるものなのである。保存は同時に破壊でもある。

デリダの思考は、建築実践がネットワーク化されたメディアを通じて大衆化することの批判として整理できると同時に(PEVRAV, 2008)、建築がコンピュータと別の相関関係を持つことの批判としても整理できる。この別の相関関係には、デジタル・メディアがもっと有機的な建築への回帰を予言するものであるという主張(Lynn, 2004)や、われわれがヴァーチャル建築を通して新しい現実に住まうことができるという主張(Benedikt, 1994〔邦訳書あり〕)のように、新しいデジタル建築についてのさまざまな観点からの主張がある。

建築が建物を通じた意味の保存と伝達のための制度であるという点においても同じように、建築はアーカイヴという問題系に関係づけられる。デリダによれば、建築がアーカイヴという衣を身にまとっていることは、収集する喜びと忘却しようとする意志の両方を意味している。すでに何度か言及したように、建築のラディカルなポテンシャルを呼び覚ます第一歩は、建築の「変化しない」と考えられている側面やその制度的な側面、制度化された側面を認識し、これらに異議を唱えることである。例えば、「住まい」の第一義的な重要性、建築の遺産と起源、建築の目的、美学といったものがある。デリダは、建築において「美の価値や調和・全体性の価値がいまだに支配的である」ことを注記している。異議を唱えるとは、「形而上学の最後の砦」(Derrida, 1986, p. 309) という建築の役割を明け渡すことである。

それでは建築家にとってのデリダという本書の探求を、そしてデリダを二〇世紀の知的情勢の内部に位置づけるという本章の試みを総括しよう。一九八〇~九〇年代に試みられたような建築における脱構築が思想分野のデリダの寄与の要点を見逃しているという洞察は、新しいものでも驚くべきものでもない。むしろそのような洞察は建築的脱構築そのものの運動の内部で批判として確立されたものですらある。デリダの思考は息の長いものであり、脱構築として知られる建築運動を越えて、建築や環境についての優れた理解に寄与する著作家、実践家、批評家の集団、また建築の一部であったり建築と相関関係にあったりするコミュニティや制度にまで広がる。繰り返し強調してきたように、デリダが建築に提供している教えにはその重要な帰結だけでなく、論証や提示の戦略も含まれている。間テクスト性という特性は、哲学的研究と建築設計を結びつけるのに非常に役に立つ。結局のところ設計とは、つなぎ合わせたりばらばらにしたりするプロセスであり、豊かな間テクスト性をもった実践なのである。

本書では、デリダのラディカルで刺激的な思考が建築に対してもつ意義のほんのわずかな部分にしか触れていない。建築家とデリダの出会いの歴史、デリダの哲学と他の思想家の哲学との交流、このような研究によって見えてくる建築の職能や制度の全く異なった姿、建築を構成する多くの実践が被る変化と改定、これらのテーマについては厳密に研究する余地が広く残されている。

【訳者注】

1　本邦訳「大学の瞳＝後見人──「根拠律」と大学の理念」はデリダの日本での講演を書き起こしたものであるが、本講演でデリダが読み上げたと思われる原稿は英語論文「根拠律──学生たちの瞳のなかの大学」と同じものと考えられ、本書の引用箇所に限ってはほぼ同一であるため、本書では前者を後者の日本語訳として採用した。

さらにデリダを探求したい読者のために　*Notes for Further Reading*

もっと深く探求したいと思う読者には、特に構造主義に由来する言語についてのデリダの鍵概念を追ってみることを勧める。これらの概念は以下の書物のなかで詳しく説明されている。

Culler, J., *On Deconstruction: Theory and Criticism after Structuralism*, London: Routledge, 1985（ジョナサン・カラー、『ディコンストラクション（Ⅰ）（Ⅱ）』、富山太佳夫・折島正司訳、岩波現代文庫、二〇〇九年）。

Norris, C., *Deconstruction: Theory and Practice*, London: Routledge, 2002（クリストファー・ノリス、『ディコンストラクション』、荒木正純・富山太佳夫訳、勁草書房、一九八五年）。

Hawkes, T., *Structuralism and Semiotics*, London : Routledge, 2003（テレンス・ホークス、『構造主義と記号論』、池上嘉彦ほか訳、紀伊國屋書店、一九七九年）。

インターネットやユーチューブでもデリダの文献やインタビューが多く入手できる。これらはデリダの仕事の晩年のものである。シンプルに『デリダ』と題されたドキュメンタリーを見れば、デリダの人柄・カリスマ性・影響が生き生きと伝わってくる。各種メディアを併用することで、デリダの仕事への理解がさらに深まるだろう。このDVDには「カットされたシーン」に加えて、ピーター・アイゼンマンからのコメントも収められている。ただし建築への直接的な言及はほとんどない。

Dick, K. and A. Ziering Kofman, *Derrida*, Los Angeles : Jane Doe Films Inc., 2002

デリダの著作のなかでも特に勧めたいのは、『散種』と題された論文集である。バーバラ・ジョンソンによる序文は、簡潔だが信頼でき示唆に富んでいる。この著作にはデリダの長編論文「プラトンのパルマケイアー」が収められている。この論文こそ、デザインに携わる人々を惹きつけるデリダの魅力を最もよく示している。

Derrida, J., *Dissemination*, trans. B. Johnson, London: Athlone, 1981（『散種』、藤本一勇・立花史・郷原佳以訳、ウニベルシタス叢書、二〇一三年）。

いくつかの重要な大型本がデリダと建築の結びつきを論じている。

Papadakis, A., C. Cooke and A. Benjamin (eds), *Deconstruction : Omnibus Volume*, London: Academy Editions, 1989（アンドリアス・パパダキス、アンドリュー・ベンジャミン、キャスリーン・クック編集、『ディコンストラクション——建築の系譜』、シグマユニオン、一九九一年）。

Broadbent, G. and J. Glusberg (eds), *Deconstruction: A Student Guide*, London: Academy Editions, 1991.

Kipnis, J. and T. Leeser (eds), *Chora L Works: Jacques Derrida and Peter Eisenman*, New York : Monacelli Press, 1997.

おそらくマーク・ウィグリーの著作は建築における脱構築というテーマについての優れた探求のひとつであり、読者にある種の背景となる理解を与えてくれるだろう。

Wigley, M., *The Architecture of Deconstruction : Derrida's Haunt*, Cambridge, MA: MIT Press, 1995.

引用文献一覧

※シリーズ・文庫名などは除き、出版社名のみ表記。

Adorno, T.W., *The Culture Industry: Selected Essays on Mass Culture*, London: Routledge, 1991.

Alexander, C, S. Ishikawa and M. Silverstein, *A Pattern Language : Towns, Buildings, Construction*, New York: Oxford University Press, 1977.（クリストファー・アレグザンダー、『パタン・ランゲージ――環境設計の手引』、平田翰那訳、鹿島出版会、一九八四年）

Alien, R.E., *Greek Philosophy : Thales to Aristotle*, New York : Free Press, 1985.

Aragon, L, *Paris Peasant*, trans. S.W. Taylor, Boston : Exact Change, 1994.（ルイ・アラゴン、『パリの農夫』、佐藤朔訳、思想社、一九八八年）

Arendt, H., *The Human Condition*, Chicago, IL : University of Chicago Press, 1958.（ハンナ・アレント、『人間の条件』、志水速雄訳、筑摩書房、一九九四年）

Aristotle, *The Ethics of Aristotle : The Nicomachean Ethics*, trans. J.A.K. Thomson, London: Pengu in, 1976.（アリストテレス、『ニコマコス倫理学（上）（下）』、高田三郎訳、岩波書店、二〇〇九年）

Atkins, D.G. and M.L. Johnson（eds）, *Writing and Reading Differently : Oeconstruction and the Teaching of Composition and Literature*, Lawrence, KA: University of Kansas Press, 1985.

Auge, M., Non-places : *Introduction to an Anthropology of Supermodernity*, trans. J. Howe, London : Verso, 1995.

Augoyard, J.-F., *Step by Step: Everyday Walks in a French Urban Housing Project*, trans. D.A. Curtis, Minneapolis: University of Minnesota Press, 2007.

Augustine, *Confessions*, trans. H. Chadwick, Oxford : Oxford University Press, 1991.（アウグスティヌス、『告白録』、宮谷宣史訳、教文館、二〇一二年）

Ballantyne, A., *Defeuze and Guattari for Architects*, London : Routledge, 2007.

Barthes, R., *Mythologies*, trans. A. Lavers, London: Paladin, 1973.（ロラン・バルト、『神話作用』、篠沢秀夫訳、現代思想社、一九六七年）
Benedikt, M., *Cyberspace: First Steps*, Cambridge, MA : MIT Press, 1994.（マイケル・ベネディクト、『サイバースペース』、NTTヒューマンインタフェース研究所ほか訳、NTT出版、一九九四年）
Benjamin, A., *Architectural Philosophy*, London: Ath lone, 2000.
Benjamin, W., 'The work of art in the age of mechanical reproduction', in H. Arendt (ed.), *Illuminations*, London : Fontana, 1992, 1—58（ヴァルター・ベンヤミン、「複製技術時代の芸術作品」、『ベンヤミン・コレクション〈一〉近代の意味』所収、浅井健二郎編訳、久保哲司訳、筑摩書房、一九九五年）
Benjamin, W., *The Arcades Project*, trans. H. Eiland and K. McLaughlin, Cambridge, MA : Harvard University Press, 2000.（ヴァルター・ベンヤミン、『パサージュ論』、今村仁司ほか訳、岩波書店、二〇〇三年）
Bernstein, R.J., *Beyond Objectivism and Relativism*, Oxford : Basil Blackwell, 1983.（リチャード・J・バーンスタイン、『科学・解釈学・実践：客観主義と相対主義を超えて』、丸山高司ほか訳、岩波書店、一九九〇年）
Betti, E., 'Hermeneutics as the general methodology of the Geisteswissenschaften', in G.L. Ormiston and A.D. Schrift (eds), *The Hermeneutic Tradition: From Ast to Ricoeur*, Albany, NY : State University of New York Press, 1990, 159-197.
Bolter, J.D., 'Topographic writing : Hypertext and the electronic writing space', in P. Delany and G.P. Landow (eds), *Hypermedia and Literary Studies*, Cambridge, MA : MIT Press, 1994, 105-118.
Breton, A., *Nadja*, trans. R. Howard, New York : Grove Press, 1960.（アンドレ・ブルトン、『ナジャ』、巖谷國士訳、岩波書店、二〇〇三年）
Breton, A., *Manifestoes of Surrealism*, Ann Arbor, MI : University of M ichigan Press, 1969.（アンドレ・ブルトン、『シュルレアリスム宣言・溶ける魚』、巖谷國士訳、岩波書店、一九九二年）
Brisson, L. and F.W. Meyerstein, *Inventing the Universe: Plato's Timaeus, the Big Bang, and the Problem of Scientific Knowledge*, Albany,

NY: State University of New York Press, 1995.

Broadbent, G. and J. Glusberg (ed.), *Deconstruction : A Student Guide*, London : Academy Editions, 1991.

Caputo, J.D., *Radical Hermeneutics: Repetition, Deconstruction, and the Hermeneutical Project*, Bloomington, IN : Indiana University Press, 1987.

Colquhoun, A., *Modernity and the Classical Tradition. Architectural Essays 1980–1987*, Cambridge, MA : MIT Press, 1989.

Cooke, C., 'Russian precursors', in A. Papadakis, C. Cooke and A. Benjamin (eds), *Deconstruction : Omnibus Volume*, London : Academy Editions, 1989, 11–19.

Corbusier, L. , *Towards a New Architecture*, trans. F. Etchells, New York : Dover, 1931.（ル・コルビュジェ-ソーニエ、『建築へ』、樋口清訳、中央公論美術出版、二〇一一年）

Coyne, R., *Designing Information Technology in the Postmodern Age: From Method to Metaphor*, Cambridge, MA : MIT Press, 1995.

Coyne, R., Technoromanticism : *Digital Narrative, Holism, and the Romance of the Real*, Cambridge, MA : MIT Press, 1999.

Coyne, R., *Cornucopia Limited : Design and Dissent on the Internet*, Cambridge, MA : MIT Press, 2005.

Coyne, R., 'Creativity and sound : The agony of the senses', in T. Rickards, M.A. Runco and S. Moger (eds), *The Routfedge Companion to Creativity*, London : Routledge, 2008, 25–36.

Culler, J., *On Deconstruction : Theory and Criticism after Structuralism*, London : Routledge, 1985.（ジョナサン・カラー、『新版　ディコンストラクション（I）（II）』、富山太佳夫・折島正司訳、岩波書店、二〇〇九年）

Davis, D.A., 'Freud, Jung, and psychoanalysis', in P. Young-Eisendrath and T. Daw : on (eds), *The Cambridge Companion to Jung*, Cambridge : Cambridge University Press, 1997, 35–51.

de Certeau, M., *The Practice of Everyday Life*, trans. S. Rendall, Berkeley, CA : University of California Press, 1984.（ミシェル・ド・セルトー、『日常的実践のポイエティーク』、山田登世子訳、国分社、一九八七年）

de Zegher, C. and M. Wigley (eds), *The Activist Drawing : Retracing Situationist Architecture from Constant's New Babylon to Beyond*,

Cambridge, MA: MIT Press, 2001.
Deleuze, G. and F. Guattari, *Anti-Oedipus : Capitalism and Schizophrenia*, New York : Viking Press, 1977.（ジル・ドゥルーズ、フェリックス・ガタリ、『アンチ・オイディプス――資本主義と分裂症（上）（下）』、宇野邦一訳、河出書房新社、二〇〇六年）
Deleuze, G. and F. Guattari, *A Thousand Plateaus : Capitalism and Schizophrenia*, trans. B. Massumi, London: Athlone Press, 1988.（ジル・ドゥルーズ、フェリックス・ガタリ、『千のプラトー――資本主義と分裂症（上）（中）（下）』、宇野邦一ほか訳、河出書房新社、二〇一〇年）
Derrida, J., 'Structure, sign, and play in the discourse of the human sciences', in Writing and Difference, London : Routledge, 1966, 278-294.（ジャック・デリダ、「人間科学の言説における構造、記号、遊び」、『エクリチュールと差異』所収、合田正人・谷口博史訳、法政大学出版局、二〇一三年）
Derrida, J., 'White mythology : Metaphor in the text of philosophy', New Literary History, 61, 1974, 5-74.（ジャック・デリダ、「白い神話――哲学テクストのなかの引喩」、『哲学の余白（下）』所収、高橋允昭・藤本一勇訳、二〇〇八年）
Derrida, J., Of Grammatology, trans. G.c. Spivak, Baltimore, MD : Johns Hopkins University Press, 1976.（ジャック・デリダ、『根源の彼方に――グラマトロジーについて（上）（下）』、足立和浩訳、現代思想社、一九七二年）
Derrida, J., *The Postcard: From Socrates to Freud and Beyond*, trans. A. Bass, Chicago, IL : Chicago University Press, 1979.（ジャック・デリダ、『絵葉書――ソクラテスからフロイトへ、そしてその彼方』、若森栄樹・大西雅一郎訳、水声社、二〇〇七年）
Derrida, J., 'Plato's pharmacy', in *Dissemination*, trans, B. lohnson, London : Athlone, 1981,61-171.（ジャック・デリダ、「プラトンのパルマケイアー」、『散種』所収、藤本一勇・立花史・郷原佳以訳、法政大学出版局、二〇一三年）
Derrida, J., 'Differance', in *Margins of Philosophy*, Chicago, IL : University of Chicago Press, 1982a, 3-27.（ジャック・デリダ、「差延」、『哲学の余白（上）』所収、高橋允昭・藤本一勇訳、法政大学出版局、二〇〇七年）
Derrida, J., 'Signature event context', in *Margins of Philosophy*, Chicago, IL : University of Chicago Press, 1982b, 307-330.（ジャック・デリダ、「署名　出来事　コンテクスト」、『哲学の余白（下）』所収、高橋允昭・藤本一勇訳、法政大学出版局、二〇〇八年）

Derrida, J., 'Tympanum', in *Margins of Philosophy*, Chicago, IL : University of Chicago Press, 1982c, ix-xxix.（ジャック・デリダ、「差延」、『哲学の余白（上）』所収、高橋允昭・藤本一勇訳、法政大学出版局、二〇〇七年）

Derrida, J., 'The principle of reason : The university in the eyes of its pupils', *Diacritics*, 13, 1983, 3-20.（ジャック・デリダ、「大学の瞳＝後見人―「根拠律」と大学の理念」、高橋哲哉訳、『他者の言語――デリダの日本講演』所収、高橋允昭編訳、法政大学出版局、一九八九年がほぼ同内容のものである）

Derrida, J., 'Point de Folie : Maintenant l'architecture', in N. Leach (ed.), *Rethinking Architecture : A Reader in Cultural Theory*, London : Routledge, 1986, 305-317.

Derrida, J., *Edmund Husserl's 'Origin of Geometry': An Introduction*, trans. J.P. leavey, Lincoln, NE : University of Nebraska Press, 1989a.（ジャック・デリダ、「『幾何学の起源』への序文」、田島節夫・矢島忠夫・鈴木修一訳、青土社、二〇〇三年）

Derrida, J., 'Jacques Derrida in discussion with Christopher Norris', in A. Papadakis, C. Cooke and A. Benjamin (eds), *Deconstruction : Omnibus Volume*, London : Academy Editions, 1989b, 71-78.

Derrida, J., Given Time : 1. *Counterfeit Money*, trans. P. Kamuf, Chicago, IL : University of Chicago Press, 1992.（ジャック・デリダ、「時間を与える」、高橋允昭訳、『他者の言語』所収、高橋允昭編訳、法政大学出版局、二〇一一年）

Derrida, J., *Aporias*, trans. T. Dutoit, Stanford, CA : Stanford University Press, 1993.（ジャック・デリダ、『アポリア：死す―「真理の諸限界」を「で／相」待-期する』、港道隆訳、人文書院、二〇〇〇年）

Derrida, J., 'Chora', in J. Kipnis and T. leeser (eds), *Chora L Works*, New York : Monacelli Press, 1997, 15-32.（ジャック・デリダ、『コーラ――プラトンの場』、守中高明訳、未来社、二〇〇四年）

Derrida, J. and H. P. Hanel, A letter to Peter Eisenman, *Assemblage*, 12, 1990, 6-13.

Derrida, J. and E. Prenowitz, 'Archive fever : A Freudian impression', *Diacritics*, 25: 2,1995,9-63.（ジャック・デリダ、『アーカイヴの病：フロイトの印象』、福本修訳、法政大学出版局、二〇一〇年）

Descartes, R., *Discourse on Method and the Meditations*, trans. F. E. Sutcliffe, Harmondsworth : Penguin, 1968.（ルネ・デカルト、『方

法序説』、山田弘明訳、ちくま学芸文庫、二〇一〇年、ルネ・デカルト、『省察』、山田弘明訳、筑摩書房、二〇〇六年）
Dick, K. and A. Ziering Kofman, *Derrida*, Los Angeles: Jane Doe Films Inc, 2002.
Donougho, M., 'The language of architecture', *Journal of Aesthetic Education*, 21 : 3, 1987,53-67.
Durand, J.-N.-L., *Precis of the Lectures on Architecture*, trans. D. Britt, Los Angeles, CA : Getty Research Institute, 2000.（ジャン・ニコラ・ルイ・デュラン、『建築講義要録』、丹羽和彦・飯田喜四郎訳、中央公論美術出版、二〇一四年）
Eisenman, P., 'Post/El cards : A reply to Jacques Derrida', *Assemblage*, 12, 1990, 14-17.
Eliade, M., *The Two and the One*, trans. J.M. Cohen, London : Harvill Press, 1965.（ミルチャ・エリアーデ、『エリアーデ著作集　第六巻　悪魔と両性具有』、宮治昭訳、せりか書房、一九七三年）
Esslin, M., The *Theatre of the Absurd*, London : Eyre and Spottiswood, 1961.（マーティン・エスリン、『不条理の演劇』小田島雄志ほか訳、晶文社、一九六八年）
Evans, R., 'Towards anarchitecture', Architectural Association Quarterly, 2 : 1, 1970, 58 and 69.
Feenberg, A., *Transforming Technology : A Critical Theory Revisited*, Oxford : Oxford University Press, 2002.
Foucault, M., 'Of other spaces', *Diacritics*, 16 : 1, 1986, 22-27.（ミシェル・フーコー、「他者の場所——混在郷について」、『ミシェル・フーコー思考集成〈一〇〉』所収、小林康夫・石田英敬・松浦寿輝編集・慎改康之ほか訳、筑摩書房、二〇〇二年）
Freud,S., 'The "uncanny"', in A. Dickson (ed.), *The Penguin Freud Library, Volume 14 : Art and Literature*, Harmondsworth : Penguin, 1990, 335-376.（ジークムント・フロイト、「不気味なもの」、『フロイト全集〈一七〉』所収、須藤訓任・藤野寛訳、岩波書店、二〇〇六年）
Freud,S., 'Three essays on the theory of sexuality', in A. Richards (ed.), *The Penguin Freud Library, Volume 7 : On Sexuality*, Harmondsworth : Penguin, 1991, 31-169.（ジークムント・フロイト、「性理論三篇」、『フロイト全集〈六〉一九〇一～〇六』所収、渡邉俊之ほか訳、岩波書店、二〇〇九年）
Gadamer, H.-G., *Truth and Method*, trans. J. Weinsheimer, New York : Seabury Press, 1975.（ハンス・ゲオルク・ガダマー、『真理と

方法――哲学的解釈学の要綱』、轡田収ほか訳、法政大学出版局、一九八六年）
Gallagher, S., *Hermeneutics and Education*, Albany, NY: State University of New York Press, 1992.
Giddens, A., *The Constitution of Society: Outline of the Theory of Structuration*, Cambridge : Polity, 1984.（アンソニー・ギデンズ、『社会の構成』、門田健一訳、勁草書房、二〇一五年）
Glendinning, M., *Architecture's Evil Empire? The Triumph and Tragedy of Global Modernism*, London : Reaktion, 2010.
Harris, R., *Foundations of fndo-European Comparative Philofogy 1800–1850 Volume 1*, Chippenham: Routledge, 1999.
Havelock, E.A., *The Muse Learns to Write : Reflections on Orality and Literacy from Antiquity to the Present*, New Haven, CT : Yale University Press, 1986.
Hawkes, T., *Structuralism and Semiotics*, London : Methuen, 1977.（テレンス・ホークス、『構造主義と記号論』、池上嘉彦ほか訳、紀伊國屋書店、一九七九年）
Heidegger, M., *Being and Time*, trans. J. Macquarrie and E. Robinson, London : SCM Press, 1962.（ハイデガー、『存在と時間』、熊野純彦訳、岩波書店、二〇一三年）
Heidegger, M., 'Building, dwelling, thinking', in *Poetry, Language*, Thought, New York : Harper & Row, 1971, 143–161.（ハイデッガー、『ハイデッガーの建築論――建てる・住まう・考える』、中村貴志訳・編、中央公論美術出版、二〇〇八年）
Heisenberg, W., *Physics and Philosophy : The Revolution in Modem Science*, New York : Harper & Row, 1958.（W・K・ハイゼンベルク、『現代物理学の思想』、河野伊三郎・富山小太郎訳、みすず書房、二〇〇八年）
Hill, J., *Actions of Architecture : Architects and Creative Users*, London: Routledge, 2003.
Holmes, B., 'Do-it-yourself geopolitics : Map of the world upside down', in PEVRAV（ed.）, *Urban Act : A Handbook of Alternative Practice*, Paris : European Platform for Alternative Practice and Research on the City, Atelier d' Architecture Autogeree, 2008, 300–306.
Huizinga, J., Homo Ludens : *A Study of the Play Element in Culture*, Boston, MA : Beacon Press, 1955.（ヨハン・ホイジンガ、『ホモ・ルーデンス――文化のもつ遊びの要素についてのある定義づけの試み』、里見元一郎訳、河出書房新社、一九八九年）

Hyde, lo, *Trickster Makes This World : Mischief, Myth and Art*, New York : North Point Press, 1998.（ルイス・ハイド、『トリックスターの系譜』、伊藤誓他訳、法政大学出版局、二〇〇五年）

Jakobson, R. and M. Halie, *Fundamentals of Language*, The Hague : Mouton, 1956.

Jameson, F., *The Prison-House of Language : A Critical Account of Structuralism and Russian Formalism*, Princeton, NJ : Princeton University Press, 1972.（フレデリック・ジェイムソン、『言語の牢獄――構造主義とロシア・フォルマリズム』川口喬一訳、法政大学出版局、一九八八年）

Jameson, F., *Archaeologies of the Future : The Desire Called Utopia and Other Science Fiction*, London : Verso, 2005.（フレデリック・ジェイムソン、『未来の考古学（上）（下）』、秦邦生訳、作品社、二〇一一～二〇一二年）

Jencks, C., 'Deconstruction : The pleasure of absence', in A. Papadakis, C. Cooke and A. Benjamin（eds）, Deconstruction: Omnibus Volume, London: Academy Editions, 1989, 119-131.（アンドリアス・パパダキス、アンドリュー・ベンジャミン、キャスリーン・クック編集、『ディコンストラクション――建築の系譜』所収、シグマユニオン、一九九一年）

Jencks, C. and G. Baird（eds）, *Meaning in Architecture*, London: Barrie & Rockliff. 1969.

Johnson, B., 'Translator's introduction', in J. Derrida, *Dissemination*, London: Athlone, 1981, vii-xxxiii.

Johnson, B., 'Teaching deconstructively', in G.D. Atkins and M.L. Johnson（eds）, *Writing and Reading Differently: Deconstruction and the Teaching of Composition and Literature*, Lawrence, KA : University Press of Kansas, 1985, 140-148.

Kant, I. and P. Guyer, *Critique of the Power of Judgment*, Cambridge : Cambridge University Press, 2000.（イマヌエル・カント、『判断力批判』、熊野純彦訳、作品社、二〇一五年）

Kipnis, l., 'Twisting the separatrix', *Assemblage*, 14, 1991, 30-61.（ジェフリー・キプニス、「／区分線をねじる／」、川田潤訳、『10+1』所収、ＩＮＡＸ出版、No. 32-34、二〇〇三～二〇〇四年）

Kipnis, J. and T. Leeser（eds）, *Chora L Works: Jacques Derrida and Peter Eisenman*, New York : Monacelli Press, 1997.

Klein, N., *No Logo*, London: Harper Perennial, 2005.（ナオミ・クライン、『ブランドなんか、いらない――搾取で巨大化する大企業

の非情』、松島聖子訳、大月書店、二〇〇九年）

Koolhaas, R., 'Junk space', in R. Koolhaas, AMO and OMA (eds), *Content*, Cologne : Taschen, 2004, 162–171.（レム・コールハース、「ジャンク・スペース」、『S, M, L, XL＋――現代都市をめぐるエッセイ』所収、太田佳代子・渡辺佐智江訳、筑摩書房、二〇一号年）

Kropotkin, P. A. and M. Shatz, *The Conquest of Bread and Other Writings*, Cambridge ; New York : Cambridge University Press, 1995.（クロポトキン、『麺麭の略取』、幸徳秋水訳、岩波書店、一九六〇年）

Lacan, J., *The Four Fundamental Concepts of Psychoanalysis*, trans. A. Sheridan, London : Penguin, 1979.（ジャック・ラカン、『精神分析の四基本概念』、小出浩之ほか訳、岩波書店、二〇〇〇年］）

Lamont, M., 'How to become a dominant French philosopher : The case of Jacques Derrida', *American Journal of Sociology*, 93 : 3,1987,584–622.

Landow, G.P., 'Hypertext as collage-writing', in P. Delany and G.P. Landow (eds), *Hypermedia and Literary Studies*, Cambridge, MA : MIT Press, 1994, 150–170.

Landow, G.P. and P. Delany, 'Hypertext, hypermedia and literary studies : The state of the art', in P. Delany and G.P. Landow (eds), *Hypermedia and Literary Studies*, Cambridge, MA : MIT Press, 1994, 3–50.

Laugier, M.-A., *An Essay on Architecture*, trans. W. Herrmann and A. Herrmann, Los Angeles, CA : Hennessey and Ingalls, 1977.（マルク・アントワーヌ・ロージエ、『建築試論』、三宅理一訳、中央公論美術出版、一九八六年）

Lawlor, L., 'Review : Memory becomes electra', *Review of Politics*, 60 : 4, 1998, 796–798.

Lévi-Strauss, C., *Structural Anthropology 1*, London: Penguin, 1963.（クロード・レヴィ＝ストロース、『構造人類学』、荒川幾男ほか訳、みすず書房、一九七二年）

Lynn, G. (ed.), *Folding in Architecture* (rev. edn), Chichester : Wiley-Academy, 2004.

Lyotard, J.-F., *The Postmodern Condition : A Report on Knowledge*, Manchester : Manchester University Press, 1986.（J・F・リオタール、『ポスト・モダンの条件――知・社会・言語ゲーム』、小林康夫訳、水声社、一九八九年）

McEwen, I., *Vitruvius: Writing the Body of Architecture*, Cambridge, MA : MIT Press, 2003.

McLuhan, M., *The Gutenberg Galaxy : The Making of Typographic Man*, Toronto : University of Toronto Press, 1962.（マーシャル・マクルーハン、『グーテンベルクの銀河系――活字人間の形成』、森常治訳、みすず書房、一九八六年）

McMahon, A., *Understanding Language Change*, Cambridge : Cambridge University Press, 1994.

Marcuse, H., *One-Dimensional Man: Studies in the Ideology of Advanced Industrial Society*, London : Routledge, 1991.（ヘルベルト・マルクーゼ、『一次元的人間――先進産業社会におけるイデオロギーの研究』、生松敬三・三沢謙一訳、河出書房新社、一九八四年）

Martin, L., 'Transpositions : On the intellectual origins of Tschumi's architectural theory', *Assemblage*, 11, 1990,22-35.

Marx, K., 'The Poverty of Philosophy', in D. McClellan (ed.), *Karl Marx : Selected Writings*, Oxford : Oxford University Press, 1977, 195-215.（カール・マルクス、「哲学の貧困」、『マルクス・コレクション〈二〉』、今村仁司ほか訳、筑摩書房、二〇〇八年）

Mauss, M., *The Gift : The Form and Reason for Exchange in Archaic Societies*, trans. W.D. Halls, New York : W.W. Norton, 1990.（マルセル・モース、『贈与論』、森山工訳、岩波書店、二〇一四年）

Meadows, D.H., N.L. Meadows, J. Randers and W.W. Behrens, *The Limits of Growth, a Report for the Club of Rome's Project on the Predicament of Mankind*, London : Patomac, 1972.（ドネラ・H・メドウズ、『成長の限界――ローマ・クラブ「人類の危機」レポート』、大来佐武郎監訳、ダイヤモンド社、一九七二年）

Michelfelder, D.P. and R.E. Palmer (eds), *Dialogue and Deconstruction : The Gadamer-Derrida Encounter, Albany*, NY : State University of New York Press, 1989.

Mikics, D., *Who Was Jacques Derrida? An Intellectual Biography*, London : Yale University Press, 2010.

Mill, J.S., *On Liberty*, London : Routledge, 1991.（ミル、『自由論』、斉藤悦則訳、光文社、二〇一二年）

Motycka Weston, D., 'Communicating vessels : Andre Breton and his atelier, home and personal museum in Paris', *Architectural Theoty Review*, 11 : 2, 2006,101-128.

Norris, C., *Deconstruction : Theory and Practice*, London : Routledge, 1982.（C・H・ノリス、『ディコンストラクション』、荒木正

純・富山太佳夫訳、勁草書房、一九八五年）

Ong, W.J., Orality and Literacy : *The Technologizing of the Word*, London : Routledge, 2002.（ウォルター・J・オング、『声の文化と文字の文化』、桜井直文・林正寛・糟谷啓介訳、藤原書店、一九九一年）

Papadakis, A., C. Cooke and A. Benjamin (eds), *Deconstruction : Omnibus Volume*, London : Academy Editions, 1989.（アンドリアス・パパダキス、アンドリュー・ベンジャミン、キャスリーン・クック編集、『ディコンストラクション――建築の系譜』、シグマユニオン、一九九一年）

Papanek, V., *Design for the Real World* : Human Ecofogy and Social Change, New York : Pantheon, 1971.（ヴィクター・パパネック、『生きのびるためのデザイン』、阿部公正訳、晶文社、一九七四年）

Patin, T., 'From deep structure to an architecture in suspense : Peter Eisenman, Structuralism, and Deconstruction', *Journal of Architectural Education*, 47 : 2, 1993, 88–100.

Perez-Gómez, A., 'Chora: The space of architectural representation', in A. Perez-G6mez and S. Parcell (eds), *Chora 1 : Intervals in the Phifosophy of Architecture*, Montreal : McGill-Queen's University Press, 1994, 1–34.

PEVRAV, *Urban Act : A Handbook of Alternative Practice*, Paris: European Platform for Alternative Practice and Research on the City, Atelier d'Architecture Autogérée, 2008.

Piaget, J., *Structuralism*, trans. C. Maschler, New York : Basic Books, 1970.（ジャン・ピアジェ、『構造主義』、滝沢武久・佐々木明共訳、白水社、一九七〇年）

Plato, *The Timaeus of Plato*, trans. R.D. Archer-Hind, London : Macmilian, 1888.（プラトン、『プラトン全集〈一二〉ティマイオスクリティアス』、種山恭子・田之頭安彦訳、岩波書店、一九七五年）

Plato, *The Republic of Plato*, trans. F.M. Cornford, London : Oxford University Press, 1941.（プラトン、『プラトン全集〈五〉饗宴パイドロス』、藤沢令夫訳、岩波書店、一九七四年）

Plato, *Timaeus and Critias*, trans. D. Lee, London : Penguin, 1965.

Plato, Phaedrus, trans. R. Waterfield, Oxford : Oxford University Press, 2002.（プラトン、『パイドロス』、藤沢令夫訳、岩波書店、一九六七年）

Popper, K.R., *The Poverty of Historicism*, London : Routledge & Kegan Paul, 1957.（カール・ポパー、『歴史主義の貧困』、久野収・市井三郎訳、中央公論社、一九六一年）

Powell, J., Jacques Derrida : *A Biography*, London : Continuum, 2006.

Rafael, V., 'The cell phone and the crowd : Messianic politics in the contemporary Philippines', in W.H.K. Chun and T. Keenan (eds), *New Media Old Media*, London : Routledge, 2006, 297-314.

Rand, A., *The Fountainhead*, London: Grafton, 1972.（アイン・ランド、『水源』、藤森かよこ訳、ビジネス社、二〇〇四年）

Rawes, P., *Irigaray for Architects*, London : Routledge, 2007.

Rendell, J, *Art and Architecture : A Place Between*, London : I.B. Tauris, 2006.

Rheingold, H., *The Virtual Community : Homesteading on the Electronic Frontier, Reading, MA : Addison westey*, 1993.（ハワード・ラインゴールド、『バーチャルコミュニティ――コンピューター・ネットワークが創る新しい社会』、会津泉訳、三田出版会、一九九五年）

Richards, K.M., *Derrida Reframed : A Guide for the Arts Student*, London : I.B. Tauris, 2008.

Ricoeur, P., *Freud and Phffosophy : An Essay in Interpretation*, trans. D. Savage, New Haven, CT : Yale University Press, 1970.（ポール・リクール、『フロイトを読む――解釈学試論〈新装版〉』、久米博訳、新曜社、二〇〇五年）

Rorty, R., .Contingency, Irony, and Solidarity, Cambridge : Cambridge University Press, 1989.（リチャード・ローティ、『偶然性・アイロニー・連帯――リベラル・ユートピアの可能性』、齋藤純一・山岡龍一・大川正彦訳、岩波書店、二〇〇〇年）

Rorty, R., 'Remarks on deconstruction and pragmatism', in C. Mouffe (ed.), *Deconstruction and Pragmatism*, London : Routledge, 1996a, 13-18.（リチャード・ローティ、「脱構築とプラグマティズムについての考察」、シャンタル・ムフ編、ジャック・デリダ、サイモン・クリッチリー、エルネスト・ラクラウ、リチャード・ローティ、『脱構築とプラグマティズム――来たるべき民主主義』

所収、青木隆嘉訳、法政大学出版局、二〇〇二年）
Rorty, R., 'Response to Ernesto Laclau', in C. Mouffe（ed.）, *Deconstruction and Pragmatism*, London: Routledge, 1996b, 69-76.（リチャード・ローティ、「エルネスト・ラクラウへの応答」、シャンタル・ムフ編、ジャック・デリダ、サイモン・クリッチリー、エルネスト・ラクラウ、リチャード・ローティ、『脱構築とプラグマティズム――来たるべき民主主義』所収、青木隆嘉訳、法政大学出版局、二〇〇二年）
Rousseau, J.-J., *Essay on the Origin of Language*, trans. J.H. Moran and A. Gode, Chicago, IL : University of Chicago Press, 1966.（ジャン＝ジャック・ルソー、『言語起源論』、小林善彦訳、現代思潮社、一九七〇年）
Rousseau, J.-J., *Confessions*, trans. A. Scholar, Oxford: Oxford University Press, 2008.（ジャン＝ジャック・ルソー、「告白」、『ルソー全集　第一巻』所収、小林善彦訳、白水社、一九七九年）
Runes, D.D., *Dictionary of Philosophy*, New York : Philosophical Library, 1942.
Ruskin, J., *The Seven Lamps of Architecture*, London : Everyman's Library, 1956.（ジョン・ラスキン、『建築の七燈』、杉山真紀子訳、鹿島出版会、一九九七年）
Rykwert, J., On Adam's House in Paradise : The Idea of the Primitive Hut in Architectural History, Cambridge, MA : MIT Press, 1997.（ジョセフ・リクワート、『アダムの家――建築の原型とその展開』、黒石いずみ訳、鹿島出版会、一九八五年）
Sallis, J., *Chorology* : On Beginnings in Plato's Timaeus, Bloomington, IN : Indiana University Press, 1999.
Saussure, F. de, *Course in General Linguistics*, trans. R. Harris, London : Duckworth, 1983.（フェルディナン・ド・ソシュール、『一般言語学講義』、小林英夫訳、岩波書店、一九七二年）
Scholem, G.G., Major Trends in Jewish Mysticism, London : Thames & Hudson, 1955.
Scruton, R., *The Aesthetics of Architecture*, Princeton, NJ : Princeton University Press, 1979.
Seligmann, K. and C. Seligmann, 'Architecture and language : Notes on a metaphor', *Journal of Architectural Education*, 30 : 4,1977,23-27.

Sellars, J., 'The point of view of the cosmos : Deleuze, romanticism, stoicism', Pli (*The Warwick Journal of Philosophy*), 8, 1999, 1-24.

Sharr, A., *Heidegger's Hut*, Cambridge, MA : MIT Press, 2006.

Sharr, A., *Heidegger for Architects*, London : Routledge, 2007.

Shaw, R., *The Activist's Handbook: A Primer*, Berkeley, CA : University of California Press, 2001.

Smith, A., *The Theory of Moral Sentiments*, Indianapolis : Liberty Fund, 1984.（アダム・スミス、『道徳感情論』、高哲男訳、講談社、二〇一三年）

Snodgrass, A.B., *Architecture, Time and Eternity : Studies in the Stellar and Temporal Symbolism of Traditional Buildings*, Volume 2, New Delhi : Aditya Prakashan, 1990.

Snodgrass, A. and R. Coyne, *Interpretation in Architecture : Design as a Way of Thinking*, London : Routledge, 2006.

Sokal, A.D. and J. Bricmont, *Intellectual Impostures : Postmodern Philosophers' Abuse of Science*, London : Profile Books, 2003.（アラン・ソーカル、ジャン・ブリクモン、『「知」の欺瞞――ポストモダン思想における科学の濫用』、田崎晴明・大野克嗣・堀茂樹訳、岩波書店、二〇一二年）

Soltan, M., 'Architecture as a kind of writing', *American Literary History*, 3: 2, 1991, 405-419.

Summerson, J., *The Classical Language of Architecture, Cambridge*, MA : MIT Press, 1963.（ジョン・サマーソン、『古典主義建築の系譜』、鈴木博之訳、中央公論美術出版、一九九二年）

Tafuri, M., *Architecture and Utopia : Design and Capitalist Development*, trans. B.L. La Penta, Cambridge, MA : MIT Press, 1996.（マンフレード・タフーリ、『建築神話の崩壊――資本主義社会の発展と計画の思想』、藤井博巳・峰尾雅彦訳、彰国社、一九八一年）

Taylor, A.E., *A Commentary on Plato's Timaeus*, London : Oxford University Press, 1928.

Tschumi, B., *Architecture and Disjunction*, Cambridge, MA : MIT Press, 1994.（ベルナール・チュミ、『建築と断絶』、山形浩生訳、鹿島出版会、一九九六年）

Tschumi, B., 'Introduction', in J. Kipnis and T. Leeser (eds), *Chora L Works*, New York : Monacelli Press, 1997, 125.

Turner, V., *The Forest of Symbols: Aspects of Ndembu Ritual*, Ithaca, NY : Cornell University Press, 1967.

Ulmer, G.L., 'Textshop for post(e)pedagogy', in G.D. Atkins and M .L. Johnson (eds), *Writing and Reading Differently: Deconstruction and the Teaching of Composition and Literature*, Lawrence, KA: University Press of Kansas, 1985, 38-64.

Urry, J., *The Tourist Gaze: Leisure and Travel in Contemporary Societies*, London : Sage, 1990.（ジョン・アーリ、『観光のまなざし——現代社会におけるレジャーと旅行』、加太宏邦訳、法政大学出版局、一九九五年）

Venturi, R., D. Scatt Brown and S. Izenour, *Learning from Las Vegas : The Forgotten Symbolism of Architectural Form*, Cambridge, MA : MIT Press, 1993.（ロバート・ヴェンチューリ、『ラスベガス』、石井和紘・伊藤公文訳、鹿島出版会、一九七八年）

Vidler, A., *The Architectural Uncanny : Essays in the Modem Unhomely*, Cambridge, MA : MIT Press, 1995.（アンソニー・ヴィドラー、『不気味な建築』、大島哲蔵・道家洋訳、鹿島出版会、一九九八年）

Vitruvius, P., Vitruvius : *The Ten Books on Architecture*, trans. M.H. Morgan, New York : Dover Publications, 1960.（ウィトルウィウス、『ウィトルーウィウス建築書』、森田慶一訳註、東海大学出版会、一九七九年）

Watkin, D., *Morality and Architecture : The Development of a Theme in Architectural History and Theory in the Gothic Revival to the Modern Movement*, Oxford : Clarendon Press, 1977.（デーヴィド・ジョン・ワトキン、『モラリティと建築——ゴシック・リヴァイヴァルから近代建築運動に至るまでの、建築史学と建築理論における主題の展開』、榎本弘之訳、鹿島出版会、一九八一年）

Wigley, M., 'Postmortem architecture : *The taste of Derrida*', Perspectiva, 23, 1987, 156-172.

Wigley, M., *The Architecture of Deconstruction : Derrida's Haunt*, Cambridge, MA : MIT Press, 1995.

Wittgenstein, L., *Philosophical Investigations*, trans. G.E.M. Anscombe, Oxford : Blackwell, 1953.（ルートヴィヒ・ヴィトゲンシュタイン、『哲学探究』、丘沢静也訳、岩波書店、二〇一三年）

Zavarzadeh, M. and D. Morton, 'Theory pedagogy politics : The crisis of the subject in the humanities', *Boundary*, 2 : 15, 1986-1987, 1-22.

Žižek, S., *The Sublime Object of Ideology*, London : Verso, 1989.（スラヴォイ・ジジェク、『イデオロギーの崇高な対象』、鈴木晶訳、

河出書房新社、二〇〇〇年）

デリダと日本建築文化——訳者あとがきにかえて

本書はRichard Coyne, Derrida for Architects, Routledge, 2011の全訳である。同書の内容に関しては著者コイン氏の丁寧な論証によって付加的な説明は不要であろう。したがってここでは訳者のあとがきにかえて、本書が日本で訳されて読まれるということを踏まえたささやかな考察を示しておく。

●日本建築文化におけるこれまでのデリダ受容

一九六〇年代から始まったデリダの脱構築は、形而上学という伝統的な西洋哲学の牙城を突き崩すことを目的としていたが、同時期の日本建築文化においても、同じように数世紀をまたいで硬直した構築物の解体を目論む試みが指摘できる。その代表例が磯崎新の『建築の解体』（一九七五年）であろう[1]。

とはいえデリダが建築文化に発見されるのは一九八〇年代のことである。とりわけ一九八八年にMoMAで開かれた「ディコンストラクティヴィスト・アーキテクチュア」展の影響が大きい[2]。ただし当展覧会の参加者たちのデザインがロシア構成主義との類似性を指摘されるなど、この展覧会は新しい建築スタイルのマニフェストと捉えられる傾向が強かった。一方で日本建築文化においては、デリダへの言及はこの展覧会よりも以前にすでに現れていた[3]。しかし日本においてもやはり、脱構築はデザインへの刺激として受け取られがちであった。とりわけこの刺激を受けたスタイルは「デコン」と呼ばれるようになり、一九九〇年代半ばまでかわるがわる出現した建築スタイルのひとつと理解された[4]。

日本建築文化におけるデリダ受容が新たな局面を迎えるきっかけとなったのは、磯崎新が中心となって一九九一年から十年間にわたって建築家と哲学者を招待して開かれたＡｎｙ会議である[5]。最初の二回に参加したデリダの脱構築はここでようやく、建築的思考を根本的に変容させるものとして理解されたのである。しかしこのデリダ理解の有益な路線は、彼が出席しなくなった以降のＡｎｙ会議、そしてこの流れを引き継ぐ理論雑誌『10＋1』でも、その後の展開を示すことなく現在に至っている[6]。

●哲学分野における現在のデリダ研究の動向

他方で現在の哲学分野におけるデリダ研究は、新しい変化の兆しを見せている。二〇一四年で没後十年を迎えたデリダについて、『思想』（二〇一四年一二月）と『現代思想』（二〇一五年二月）の二つの哲学雑誌でそれぞれ特集が組まれた[7]。これらの特集によれば、デリダ没後十年の間に刊行が始まった全四三巻に及ぶデリダの講義録によって、政治学・動物論・死刑論・教育論などのトピックへの新しい視野が切り開かれつつある。さらにこれらの講義録やその他の講演記録は、否定が堂々巡りする神秘性やテクスト主義的な言語との戯れといったデリダへの消極的なイメージに対して、生や死刑といった具体的な事象を論じている点でも注目される。他方で建築を含む他分野のデリダ読者にとっては、これらの講義録が「口頭」の読みやすいデリダを示しているという点でも重要だろう。

●これからのデリダと建築

このような哲学分野の動向も踏まえてこれから建築の分野でもデリダを読み直していく際には、脱構築したあとを実践的な問題として考えることが重要である。Ａｎｙ会議やデリダ特集号の座談会でも述べられているように、脱構築は「決定不可能性」というアポリアの暴露にとどまるのではなく、脱構築されたものの境界線をもう一度引き直す新たなチャンスを生み出すことを目的とする。そして建築における脱構築とは、建築をその牙城から引きずり出して「異分野間のネットワーク」の場へと晒し、社会・経済・文化・政治といった建築外の領域との関係の中で改めて建築を考えることを意味する。

さらに先の座談会記事と本書において共通して、脱構築という作業における重要な論点となっているのが歴史と教育である。脱構築とは、建築という歴史的な構築物・制度に対してただ別のオルタナティブを対置させることではなく、構築物の内側からその歴史を辿り直してそれを突き崩すことである。こうして自身の歴史を辿りなおす身振りとしての脱構築は、自身の考えを問い直す機会を提供するものとしてそれ自体が教育上の効果も持っている。

本書で示されている建築分野の問題意識と現在の哲学分野のそれとはさほどかけ離れたものではない。一方で本書が参照しているデリダ文献は先述した近年刊行の講義録や講演記録を含んでいない。本書の読者が、建築の文脈でデリダを読むために本書が提示する観点を参考にしつつ、新たな地平線を開くこれらのデリダの新刊へ踏み出していくことを、著者のR・コイン氏とともに願う。

出版にあたって、まず訳者の大学院時代の指導教官でもあり、本書の邦訳という刺激的な仕事を紹介して頂いた東京大学大学院教授の加藤耕一先生にお礼を述べたい。またこの翻訳は、加藤耕一研究室の修士課程に所属していた印牧岳彦君・山口祐史君と一緒に開いた訳文検討会がなければ、とても完成には至らなかった。こころから感謝したい。さらに訳文を整えていく段階で、翻訳協力の木村洋平氏には人文学の観点から有益なコメントをいただいた。最後に、本格的な邦訳は初めてであった訳者に、多くの実際上の助言と指導を授けてくださった丸善出版株式会社の小根山仁志氏に感謝の意を表する。

二〇一九年八月

松井健太

1　『建築の解体』の背景となっている一九六八年をめぐる建築と哲学の状況については、磯崎新＋柄谷行人「七年後――二（『Ａｎｙ――建築と哲学をめぐるセッション一九九一～二〇〇八』所収、鹿島出版会、二〇一〇年）冒頭を参照。

2　入江徹「展覧会――ディコンストラクティビスト・アーキテクチュアとその背景」（『日本建築学会計画系論文集』、二〇〇二年一月、第五五一号、三二九～三三四頁）を参照。またこの展覧会に対する当時の日本建築文化の反応としては、丸山洋志「Ｐ・ジョンソンの新たな戦略――アイゼンマン事務所にいて聞いたこと、話したこと」（『新建築』、一九八八年一〇月号、二八〇～二八四頁）などを参照。

3　一九八四年の一〇月にはこの時期を代表する建築理論雑誌『建築文化』がいち早く「脱構築のテクノロジー学」なる特集を組んでいる。また建築雑誌『新建築』の紙面上における日本人建築家たちによる脱構築への言及については、入江徹「日本の建築領域における「脱構築」思想の影響に関する基礎的研究：建築雑誌『新建築』において」（日本建築学会学術講演梗概集、建築歴史・意匠、二〇〇〇年、六〇五～六〇六頁）を参照。

4　磯崎新＋浅田彰＋ジャック・デリダ「ディコンストラクションとは何か」（『Ａｎｙｗｈｅｒｅ』所収、ＮＴＴ出版、一九九四年）、特に三四四頁を参照。

5　磯崎新＋浅田彰＋田中純「Ａｎｙコンファレンスの軌跡」（『Ａｎｙ――建築と哲学をめぐるセッション一九九一～二〇〇八』所収、前掲書）の冒頭を参照。

6　磯崎新＋浅田彰「七年後――二」（『Any：建築と哲学をめぐるセッション一九九一～二〇〇八』所収、鹿島出版会、二〇一〇年）、とくに五～九頁を参照。

7　『思想――一〇年後のジャック・デリダ』（岩波書店、二〇一四年一二月、一〇八八号）、『現代思想　総特集デリダ――一〇年目の遺産相続』（青土社、二〇一五年二月臨時増刊号）。とりわけ現代のデリダ研究の動向については、各々の座談会記事である鵜飼哲・西山雄二・國分功一郎・宮崎裕助「〈座談会〉一〇年後のジャック・デリダ」（『思想』、一一～五一頁）と東浩紀・宮崎裕助（聞き手）「デッドレターとしての哲学」（『現代思想』、～頁）を参照。

な行

は行

ま行

や行

ら行

さ行

た行

索　引

【訳　者】

松井健太（まつい　けんた）

○略歴

1986 年　群馬県生まれ

2009 年　東京大学工学部建築学科卒業

2011 年　東京大学文学部思想文化学科哲学専修課程卒業

2019 年　東京大学大学院工学系研究科建築学専攻博士課程修了、工学博士

現　在　東京大学大学院工学系研究科建築学専攻　学術支援職員、京都造形芸術大学・武蔵野美術大学　非常勤講師

○主要論文

「協働の産物としてのアルド・ロッシ『都市の建築』――ヴェネツィア建築大学「建物の配列的特徴」講座（1963-66）の検討」（『日本建築学会計画系論文集』, 83:751, 2018）

“Monument in Revolution: 1968, Tendenza and Education in Aldo Rossi” (*Histroies of Postwar Architectue*, 1:2, 2018)

【翻訳協力】

木村洋平（きむら　ようへい）

作家、編集者

思想家と建築　デリダ

令和元年11月25日　発　行

訳　者　松　井　健　太

発行者　池　田　和　博

発行所　丸善出版株式会社
〒101-0051 東京都千代田区神田神保町二丁目17番
編 集：電話(03)3512-3264／FAX(03)3512-3272
営 業：電話(03)3512-3256／FAX(03)3512-3270
https://www.maruzen-publishing.co.jp

組版印刷・中央印刷株式会社／製本・株式会社 星共社

ISBN 978-4-621-30453-2　C 3352　Printed in Japan